AF227734

LA
RÉPUBLIQUE EN 1883

PARIS

CALMANN LÉVY, ÉDITEUR

RUE AUBER, 3, ET BOULEVARD DES ITALIENS, 15

A LA LIBRAIRIE NOUVELLE

1883

L 57
bb 1 1

LA

RÉPUBLIQUE EN 1883

LA
RÉPUBLIQUE EN 1883

PARIS

CALMANN LÉVY, ÉDITEUR

ANCIENNE MAISON MICHEL LÉVY FRÈRES

3, RUE AUBER, 3

1883

Droits de reproduction et de traduction réservés.

LA RÉPUBLIQUE EN 1883

La justice, qui, dans la vie des peuples, transforme les vertus
en succès et les fautes en revers, avait été nommée par les
anciens la lente déesse. Ses lenteurs ne troublaient pas leur
conscience, capable de reconnaître au loin dans les effets les
causes ; et le temps, à travers le désordre des actes et l'étendue
des âges, leur offrait l'unité d'une grande leçon. Autre semble
la sagesse moderne. Elle se borne à discerner les suites immé-
diates, n'a le loisir ni de regarder au delà ni d'attendre, et la
logique des expiations et des récompenses, si elle était loin-
taine, demeurerait invisible. Mais comme il ne faut pas qu'elle
cesse d'éclairer les nations, elle s'est mise d'elle-même à portée
de leur infirmité. A mesure que les yeux devenaient moins
capables de la découvrir, elle s'est rapprochée des événements ;
aujourd'hui que le court regard des peuples ne voit pas au
delà de l'heure présente, il peut presque toujours contempler
ensemble les faits et leurs conséquences. La justice n'est plus
cette tardive déesse qui suivait d'un pas boiteux le vol fugitif
des passions humaines : elle plane sur le monde et elle fond
sur l'histoire au moment où l'histoire s'accomplit.

Cet écrit n'est point une œuvre de circonstance ; c'est un exposé de principes. Les idées qui y sont émises sont de tous les temps et de tous les pays où la liberté de la presse est comprise.

Restées les mêmes quant au fond et à peine modifiées en la forme, ces idées ont paru déjà dans un recueil (1) dont les auteurs avaient entrepris de défendre toutes les libertés, et cela à une époque où l'opinion publique semblait ne se soucier d'aucune. Si ingrate que fût alors la tâche, leur publication eut le privilége d'être remarquée par des hommes dont le suffrage honore et dont l'avis fait autorité.

Au moment où l'on s'occupe de modifications profondes à apporter au régime de la presse, il nous paraît à propos de remettre

(1) *Varia*, 1863.

1*

Deux fois, depuis douze années, elle est descendue sur la France, pour apporter tour à tour à un parti sa récompense et sa punition.

I

Quand, en 1871, après la défaite, la révolution et la guerre civile, la France chercha un gouvernement, il s'en présentait deux : la monarchie et la république. M. Thiers, placé entre les partis comme un arbitre, ne donna le pouvoir à personne, mais un conseil à tous : « L'avenir, dit-il, est aux plus sages. » Il semblait promis à la royauté. La république existait, mais de fait : née d'une émeute, elle avait, sans consulter le pays, pris la responsabilité de grands désastres. La monarchie, pure de toute faute dans ces malheurs, n'avait reparu avec ses partisans que sur les champs de bataille, pour soutenir notre mauvaise fortune. Le pays n'avait-il pas choisi entre l'une et l'autre en nommant l'assemblée nationale ? Presque entière elle se composait de royalistes. Ils devaient à leurs origines un grand respect des forces morales qui tiennent groupées les sociétés ; ils devaient à leur longue opposition sous l'empire l'intelligence et le goût de la liberté qui forme les individus. Leurs chefs ajoutaient à ces dons l'éclat de la célébrité ou de la gloire, et la France reconnaissait en eux toutes les grandes voix du siècle que la mort n'avait pas éteintes. Mais c'est parce qu'ils représentaient les divers âges du passé qu'ils ne représentaient pas leur temps. Ces amis de toutes les monarchies se faisaient obstacle. Également incapables d'accomplir leurs projets ou d'y renoncer, l'illusion de leur nombre ne servit qu'à leur rendre plus douloureuse l'impuissance, et comme il y a quelque chose de malsain dans tout ce qui est faux, à une mauvaise tâche leurs vertus naturelles se gâtèrent. Leur ardeur éclatant en violences, en querelles, en injustices, éloigna d'eux l'opinion, car elle se donne à qui se possède. Au lieu de s'efforcer à la retenir, ils l'accusèrent. Pour la punir, ils en vinrent à détruire les sages libertés qu'ils avaient accordées, imposées même à M. Thiers dans les premiers jours ; pour la réformer, ils voulurent gagner les forces qui agissaient sur elle, et d'abord la plus efficace, l'Église. Des faveurs inutiles, une protection indiscrète, l'élan d'un zèle qui ne paraissait pas pur de calcul, semblèrent annoncer un retour de la prépondérance politique du clergé, et réveillèrent la haine toujours mal assoupie de l'ancien régime. La magistrature, l'armée, les corps enseignants n'échappèrent pas toujours au danger d'une alliance qui voulait faire fléchir leur impartialité au bénéfice d'un parti. Pour les fonctionnaires, ils eurent à servir un régime qui se nommait lui-même un gouvernement de combat. La crainte, à en croire Machiavel, est le plus sûr instrument de règne. Mais toute main n'est pas habile à le manier. Il n'y a de terribles que la colère du génie ou de la perversité, parce qu'on n'en peut mesurer les profondeurs. L'assemblée nationale était trop connue. Ce qu'on savait de ses scrupules empêcha qu'on crût à ses menaces ; ses menaces ruinèrent le respect qu'avaient d'abord inspiré ses doctrines ; et elle tomba, sans avoir fait peur, dans le discrédit qui est le châtiment ordinaire des contradictions. Les monarchistes manquèrent de sagesse.

Combien au contraire furent sages les républicains ! Les démagogues qui les auraient compromis dans l'assemblée avaient subitement déserté leur mandat à la veille de la Commune. Fortifié par leur défection, le parti républicain rendit un premier et incalculable service. Dans les bouleversements de la révolution et de la guerre, la notion du droit avait été ébranlée ; entre la commune de Paris et l'assemblée de Versailles les masses populaires des grandes villes hésitaient. Si la révolte avait gagné ces foyers, que fût-il advenu de la France ? Par sa présence et ses votes, le parti républicain rendit témoignage à la légalité ; par son influence, il y rattacha tout le monde. En même temps qu'il prenait sa part de responsabilité dans le châtiment de la révolte, il l'acceptait dans l'établissement de lourdes charges. C'est en ne cherchant pas la popularité qu'il commença à la trouver. On le vit tour à tour s'associer aux mesures libérales de la majorité, les défendre contre elle, quand celle-ci les renia, attester son respect pour les forces protectrices de la France, et, quand il s'agissait de l'Église, lui refuser des faveurs sans lui marquer de haine, garantir sa liberté, la promettre aux religieux, même aux jésuites, et opposer à une politique de privilège une politique de tolérance. Cette tolérance qu'il professait pour les idées, il l'observait envers les personnes. C'était sa maxime que les charges publiques sont faites pour le service de ceux qui vivent en société, et les fonctions politiques même lui auraient semblé détournées de leur but si elles n'avaient servi qu'à payer le dévouement des uns et à punir l'hostilité des autres. D'ailleurs il songeait moins à se garder de ses adversaires qu'à les gagner. Soucieux de désarmer leur défiance, attentif à leur rendre la conversion honorable, habile à se parer de ses nouvelles conquêtes, il avait le sentiment généreux et juste qu'un parti, pour mériter le pouvoir, doit se dissoudre dans la nation et ne pas survivre à sa victoire.

La mauvaise politique des uns diminua ainsi la popularité qu'ils avaient méritée durant la guerre : la bonne politique des autres effaça peu à peu les souvenirs de violence et d'incapacité qui pesaient sur la défense nationale. Dès les élections partielles de 1871 commença dans le pays un mouvement que rien ne devait plus arrêter. Il devint tel qu'après quatre années de luttes et avant de finir, l'assemblée nationale consacrait par une constitution la légitimité de la République. En 1876, le suffrage universel confirmait ce vote en peuplant la chambre nouvelle de députés républicains. Restaient un sénat et un président encore monarchiques, mais quand, au 16 Mai, un coup de tête qui sembla un coup d'État mit en question le nouveau régime, le vœu du pays, tourné en passion violente, rétablit les trois cent soixante-trois sur leurs sièges, renversa, dès 1879, la majorité du Sénat, et quelques jours plus tard emporta le maréchal de Mac-Mahon.

A cette date, la parti vainqueur plaçait un de ses chefs à la tête de l'État comme on arbore un drapeau au sommet des édifices achevés et des positions conquises : tous les pouvoirs étaient entre ses mains. Mais on savait ce qu'il en voulait faire. Ses idées si constantes et si fermes avaient, par avance, tracé le programme de son gouvernement. Tous les intérêts qu'il avait promis de respecter étaient sans crainte, il n'avait provoqué la haine de personne, ses adversaires, abandonnés de leurs troupes, songeaient à faire eux-mêmes leur soumission à ce qui s'annonçait comme la force et la durée, et jamais victoire ne fit moins de vaincus. Aussi quand, des sommets de sa conquête, la France contempla l'abîme d'où elle s'était relevée, et devant elle l'horizon immense de son espoir, elle crut toucher aux terres promises d'un gouvernement sage et bon. Car si, seule contre tous les obstacles, ce nouveau tiers-état, qui n'était rien, était devenu tout en moins de six ans, dans le cours de six années nouvelles, maître et aimé, que n'allait-il pas accomplir ?

II

Les six années nouvelles sont écoulées. Loin que la paix soit faite dans les factions politiques, partout des menaces, des colères, des haines. Si la concorde et la foi survivent, c'est parmi les adversaires de la République ; plus elle dure, plus ils deviennent nombreux ; plus elle agit, plus ils deviennent confiants. Les amis du système n'invoquent plus pour se rassurer que l'impuissance de ses ennemis à le détruire, mais

ses ennemis comptent sur l'impuissance de ses partisans à le
faire vivre, et, parmi ces partisans, plus d'un craint que l'ennemi dise vrai. L'heure du désenchantement a sonné, que suit
si vite l'heure de l'abandon : heure triste où les plus fidèles
parlent par leurs inquiétudes, les plus bienveillants par leur
silence, où les habiles commencent à détacher sans bruit leur
fortune particulière de la fortune publique, et s'orientent doucement vers des changements qu'ils prévoient. Dans le pays
entier, on cherche vainement la sympathie ardente qui porta
la république au pouvoir : de l'attachement disparu il ne reste
pas même une irritation où il vivrait encore. Il y a quelque
chose de plus inexorable que la colère, c'est l'indifférence.
Celle du pays ne trouve plus rien digne de l'émouvoir. Les
scrutins exprimant sa volonté sont abandonnés, les mouvements
de la scène politique n'arrêtent même plus l'attention. Si le
peuple ne tient pour vivants que ceux en qui il espère, tous
les hommes publics sont morts. La France, qui ne croit plus
à rien quand elle ne peut plus croire aux hommes, demeure
sans culte et, comme Athènes lasse de vaines idoles, n'élève
plus dans son cœur désenchanté d'autel qu'à un dieu
inconnu.

Dans un tel bouleversement, qui reste immuable? dans une
telle destruction, qui demeure debout? La justice. La même qui
a régné sur les progrès de la république règne sur sa décadence. Quand les événements ont-ils changé? Quand les
hommes ont changé. Pourquoi un temps si court a-t-il vu une
transformation si prompte, si profonde, si humiliante? Parce que
ce temps a vu la plus subite, la plus constante et la plus honteuse des palinodies.

Il s'était trouvé un parti capable de simuler la sagesse pour
atteindre le pouvoir. Quand il y parvient, il est à bout de
vertus. Son passé tombe à ses pieds comme un masque avec
sa douceur et sa modération, et sur une face nouvelle on voit,
non détruites, mais affamées par un long jeûne, la haine et
l'avidité. Il les satisfait toutes deux par une formule soigneusement dissimulée avant qu'il tînt le pouvoir, hautement pro-

clamée dès qu'il le possède : Tout dans la France appartient à
l'État, et dans l'État tout à la République. Il entend par là
les républicains. A eux seuls toutes les fonctions, toutes les
influences. A eux l'occupation exclusive, non seulement des
postes politiques que tout vainqueur revendique légitimement,
mais des situations d'où la politique doit rester exclue sous
peine de les corrompre. Pour administrer les finances, il ne
suffit plus d'être habile et intègre ; pour rendre la justice, de
connaître et d'aimer le droit ; pour commander des troupes,
d'avoir la renommée d'un chef courageux et la confiance des
soldats ; il faut encore, il faut surtout être républicain. C'est là
désormais la qualité à laquelle rien ne supplée et qui suffit à
tout. Quiconque détient une part, si grande ou si minime soit-
elle, de la puissance publique, est un suspect. Suspects ceux
qui disent du mal de la République, ou en ont dit, ou en
pourraient dire ; suspects ceux qui, dévoués au gouvernement,
n'approuvent pas tous ses actes ; suspects ceux dont le zèle n'a
jamais hésité même à faire le mal, mais dont la parenté ou
les amitiés n'inspirent pas confiance ; suspects surtout ceux qui
occupent un poste envié par un républicain. La République est
un champ de bataille où les vainqueurs achèvent les blessés
et dépouillent les morts.

Cette cruauté de l'ambition, trop habituelle aux partis, ne
suffit pas toutefois à les condamner ; plusieurs, qui avaient
confisqué l'autorité, en ont su remplir les devoirs. Mais aux
peuples conquis même le maître doit au moins un sort égal et
stable. L'égalité est-elle assurée en France par ceux qui gouvernent ! En France, il n'y a pas pour eux un peuple, mais
des amis et des ennemis, et le pouvoir est l'arme avec laquelle
ils protègent les uns et frappent les autres. Dans un pays où
les prérogatives de l'État sont démesurément accrues, dès que
son impartialité n'est plus entière, l'existence de tous est
troublée ; quand les détenteurs du pouvoir exercent leurs
innombrables fonctions avec un esprit de parti, il n'y a plus
de citoyens, mais des favoris et des victimes de la puissance
publique. Un ancien ministre prouvait naguère que cette inégalité

se manifeste même devant l'impôt. En constatant une diminution anormale dans les revenus indirects, il en révélait la cause : l'embarras pour les agents du fisc d'agir contre quiconque appartient au parti dominant ; et, quand ils poursuivent la fraude, la complicité des influences politiques qui assure le pardon aux coupables. Une seule chose a fait scandale, la dénonciation de M. Léon Say. De telles inégalités ne sont-elles pas le droit commun du régime ? Les préfets ne se vantent-ils pas sous serment de laisser sans solution les intérêts qui touchent les adversaires politiques [1] ? S'il faut juger le gouvernement sur ses grands actes, l'exécution des décrets et l'amnistie apparaissent ; que sont-ils, sinon un scandale d'inégalité ? Des hommes vivaient réunis dans la retraite, l'étude et la prière : le gouvernement ne prouve contre eux aucun crime, il ne les accuse même pas, il les chasse. D'autres, associés contre la patrie elle-même, après avoir promené le fer et le feu dans Paris, convaincus de tous les genres de crimes, avaient été chassés de la patrie par les lois : il les rappelle. Ce n'est pas assez de la liberté et de la France, ils recouvrent la dignité civile, ils votent dans ce Paris, égaux à ceux qui l'ont sauvé de leurs mains. O justice d'un pouvoir qui, voulant des amis et des ennemis, sait ainsi choisir, et, selon le mot superbe et terrible « ouvre les bagnes et ferme les couvents [2] » !

Donne-t-il du moins la stabilité, la stabilité nécessaire surtout dans le mal, car elle le limite, et si facile à obtenir, puisqu'il suffit de laisser faire le temps ? Jamais l'inconstance ne se manifesta avec tant de désordre : elle menace tout à la fois. La première œuvre qui s'imposât à nous, la réorganisa-

---

1. « J'ai déclaré à M. Chagot que, s'il ne reprenait pas ses ouvriers, j'arrêterais net au conseil de préfecture toutes les affaires contentieuses intéressant sa compagnie. » (Déposition de M. le préfet Hendlé devant la cour d'assises de Riom dans l'affaire de Montceau-les-Mines, le 19 décembre 1882.)

2. M. le duc d'Audiffret-Pasquier.

tion militaire, est inachevée, et loin qu'elle se complète, le
plus urgent paraît être de détruire ce qu'on croyait avoir
édifié. Une force demeurait intacte, le travail, notre meilleure
ressource, et, pour la développer, il suffisait à l'État de ne pas
troubler l'effort de chacun. Sous prétexte de tutelle sur la
classe laborieuse, il veut substituer à la liberté des con-
trats une réglementation arbitraire, donner à ses protégés
non seulement des retraites, mais la propriété de leurs places,
et transformer les ouvriers en fonctionnaires de l'industrie.
Sous prétexte de favoriser l'industrie elle-même, il rêve de se
substituer à la plus importante, celle des chemins de fer, et
demain peut-être, en expropriant les grandes compagnies pour
exploiter à leur place, il arrêtera par la cherté et l'indolence
des transports la circulation de nos produits. La loi fondamentale, la constitution elle-même, obtenue avec tant de
peine, pratiquée si peu de temps, les origines de la Chambre,
l'existence du Sénat, tout est déjà contesté, attaqué par les
pouvoirs publics, comme dans ces accès où les malades, non
contents de menacer autour d'eux, tournent leurs fureurs contre
eux-mêmes. Il est naturel que cette haine contre l'ordre
établi s'adresse surtout aux pouvoirs qui l'ont fondé ou le
maintiennent. La magistrature qui le protège dans l'État est
traitée comme une ennemie du bien public. La haine monte
encore plus haut, jusqu'à cette autorité qui maintient l'ordre
dans les âmes, et l'œuvre véritable du gouvernement est la
guerre contre Dieu. Tout d'abord il a paru combattre une
église seule, et dans cette église une adversaire politique, mais
bientôt il s'est lassé de feindre : sous le nom de superstition et
de fanatisme, c'est la religion, toute religion, toute croyance
extérieure à ce monde, qu'il entend détruire. Il veut affran-
chir l'humanité du surnaturel. C'est à ce but supérieur qu'il
marche sans compter les victimes, qu'il sacrifie avec les moines,
les prêtres et les croyants, le peuple même. Là se trahit,
sous les déclamations, la sécheresse d'une philanthropie qui ne
se soucie même pas d'être humaine, et le caractère véritable
du parti. Ce n'est pas seulement une nuée de politiciens avi-

des et de révolutionnaires haineux, c'est quelque chose de plus dangereux et de plus insatiable : une secte résolue à imposer à un pays, par la persuasion de sa force, sa foi dans le néant.

Si ces grandes condamnées vivent encore, c'est grâce à l'inexpérience des exécuteurs. Pour vouer à la mort des institutions partout ailleurs nécessaires, il faut, semble-t-il, des politiques bien sûrs de leur génie. Est-ce le génie qui prépare des temps nouveaux ? est-ce du moins le talent qui fait la France complice de ses projets ? est-ce un fanatisme austère qui la subjugue et rêve la réforme du monde ? Qu'on regarde les hommes : capables de méditer tant de mal, on pourrait les croire grands, et il n'y a de grand en eux que le mal qu'ils méditent. Le régime parlementaire en ce siècle a compté plus d'une gloire et laissé plus d'une trace durable. On a peine à nommer ses héritiers, on ne peut citer d'eux une loi qui mérite de vivre, et nul ne saurait comment remplacer ce qu'il s'efforce de détruire. Sans intelligence de la vérité, sans désintéressement dans sa recherche, sans fermeté même dans l'erreur, voilà ces juges qui condamnent les siècles : l'heure présente ne les connaît même pas, et il faut percer leur obscurité pour apprendre qu'elle ne cache rien. Une assemblée donne sa mesure par ses ministres. Il y a six ans, les chefs s'appelaient Thiers, Rémusat, Dufaure, Jules Simon. Nommer à leur suite leurs successeurs serait glisser une cruauté dans un parallèle. En les disant médiocres, leur parti croit les juger : il les flatte. Médiocres, plût à l'histoire qu'ils le fussent ! Elle donne ce titre à des hommes dont le mérite ne s'éleva pas à la hauteur de circonstances exceptionnelles, mais qui, dans le cours d'événements ordinaires, mirent au service de leur pays du bon sens, de l'expérience, de l'application, et que l'honnête équilibre d'un esprit moyen a tenus à égale distance de la gloire et du ridicule. Dans le pouvoir aujourd'hui qu'y a-t-il de médiocre ? Est-ce la corruption, dans les circulaires qu'il signe et où il enseigne la délation comme un moyen régulier de gouvernement ? Est-ce l'incapacité, dans ces calculs où l'on se trompe de 100 millions pour équilibrer le budget, et de 2 milliards sur l'étendue des travaux engagés? Les bas-fonds du ridicule n'ont-ils pas été atteints par ces ministres qui, philosophes et libres penseurs, enlèvent des écoles le crucifix, emblème de super-stition, mais croient à la baguette d'une sorcière, livrent à ses sortilèges la basilique où dort le passé de la France et mettent leur signature au bas d'un traité où ils règlent, par avance, sans doute pour combler le déficit des finances, le partage des trésors promis par la magie? Voilà quels chefs sont chargés d'assurer en France tous les intérêts qui reposent sur la sagesse du pouvoir; voilà quels rivaux doivent soutenir dans le monde le prestige amoindri de la France contre des hommes d'État armés de tant de force que leur habileté semble superflue, et si habiles qu'ils n'auraient pas besoin d'être si puissants. Aussi la politique extérieure, sans direction, se traîne-t-elle péniblement d'abdications en aventures, et quand, à la veille de la lutte qui se prépare en Orient, chacun prend ses positions et ses gages, l'influence française chassée de l'Égypte, affaiblie en Syrie, disputée encore à Tunis, fait trembler Madagascar et contracte alliance avec les rois nègres du Congo. Aussi des lueurs menaçantes révèlent que, dans la nation, la haine des classes prépare une œuvre terrible, et qu'une barbarie nou-velle, celle du nombre révolté contre l'intelligence, menace la civilisation. Mais qu'importe le prestige au dehors, et pourquoi regarder par-delà la frontière? qu'importe même si, dans les profondeurs du pays, la lave se forme, pourvu qu'elle ne monte pas? La richesse et l'ordre matériel, voilà les seuls biens solides dont ait souci un tel pouvoir : il a trouvé moyen d'amoindrir jusqu'à l'ambition.

Elle a été d'abord satisfaite, puisque le pays resta longtemps prospère et calme, et les politiques, prenant pour récompense de leur conduite ce qui était le prix des efforts de tous, eux exceptés, ont pu croire qu'en dédaignant toutes les qualités nécessaires au pouvoir, ils avaient créé un nouveau genre de gouvernement. On en venait à dire que de tous les métiers le plus facile est de régner. Mais voici que la prospérité des finan-

ces s'effondre et qu'apparaît à tous les yeux le déficit. Voici
que des menaces la démagogie passe à l'action et que l'ordre
social reçoit les premières sommations de la dynamite. Quand
on veut réprimer le mal, apparaît son étendue. Une province,
ou complice ou paralysée par la terreur, les témoins muets
devant la justice, la justice elle-même obligée de suspendre son
cours par peur de manquer à ses devoirs, et les accusés seuls
tranquilles et menaçants. Le pays voit avec stupeur que l'ordre
de la rue lui-même est devenu précaire. C'est alors que les
républicains dont le témoignage est le moins suspect jettent un
cri d'alarme. Et il semble entendre la leçon qu'une voix pro-
phétique donna un jour à la prospérité apparente de l'empire :
« Il n'y a plus une faute à commettre. »

III

De toutes les fautes, la plus grave est de ne pas leur trouver
de remède. Jamais on ne l'a plus cherché, jamais on n'en a
plus discouru, mais quelles idées traversent le tumulte des
paroles ? Deux qui forment une contradiction. Les uns, pour
tout réparer, demandent que les républicains forment deux
grands partis, et travaillent au triomphe soit d'une politique
d'autorité, soit d'une politique de liberté. Les autres répondent
qu'ajouter la discorde aux difficultés présentes est tout perdre.
L'union des républicains paraît au gros du parti une nécessité
de salut public ; le ministère actuel s'est formé pour la res-
serrer, et hier, sur le cercueil de celui qui en fut le défen-
seur, les compagnons de son œuvre prêtaient serment de la
maintenir.

L'union des républicains, il est vrai, a fait la République, et tant que la République n'était pas faite, cette union était légitime. Tous étaient d'accord sur la chose sinon principale, au moins la plus urgente, sur la forme du gouvernement. Mais il y a des victorieux qui doivent demeurer ensevelis dans leur triomphe : quand les républicains tinrent le pouvoir, tout ce que pouvait produire l'accord était accompli. Il s'agissait désormais de gouverner, et les hommes associés pour le combat professaient sur le gouvernement des doctrines diverses, inconciliables. L'heure arrivait de former des majorités exerçant le pouvoir, et des minorités gardant l'espérance de le conquérir. Seulement il est rare que les choses finissent au moment où elles perdent leur raison d'être. Quand des hommes ont combattu, souffert, vaincu ensemble, il se forme entre eux des liens que la logique ne tranche pas d'un seul coup. Le sentiment que le succès était dû à la concorde, le désir de conserver cette force à un régime naissant les détournaient de briser dans des luttes intestines une vieille fraternité d'armes. Il y avait un moyen honorable de la maintenir, un seul. Quand des hommes, avec des idées dissemblables, prétendent gouverner ensemble, une condition est nécessaire. Il faut écarter du programme commun tout ce qui n'est pas accepté par tous, et, dans les affaires soulevées d'un accord unanime, arrêter les innovations où s'arrête la volonté de ceux qui souhaitent les moindres changements. Même à les obtenir médiocres, ceux qui les aimeraient plus vastes reçoivent une satisfaction. Mais si une réforme s'accomplit que tous ne désirent pas, les uns commandent, les autres subissent, le concours des efforts a disparu. Pour que l'union ne fût pas un leurre, il fallait qu'elle donnât l'hégémonie aux républicains les plus modérés, ce n'est pas autrement que M. Thiers l'avait comprise. Ses auxiliaires, pendant sept années, étaient de tempéraments fort divers, mais il avait fait accepter de tous cette politique qui, par la modération de ses exigences et la patience de ses espoirs, conquit la France elle-même. M. Thiers n'eût pas souffert que son programme fût oublié, et si l'on avait prétendu lui substituer sous le même nom un programme contraire, il aurait dénoncé l'artifice et, dans cette contradiction imprévue, la ruine de l'œuvre jusque-là poursuivie. Mais avec M. Thiers venait de disparaître le seul homme d'État qui eût de la vigueur au service de la modération, et, lui mort, son parti ne sembla plus qu'un groupe de fidèles réunis pour pleurer dans un même deuil leur chef et leur courage perdus. Toute l'autorité fut recueillie par Gambetta. Or la politique de Gambetta était de n'avoir jamais à prendre parti entre les républicains. Il ne voulait pas opter pour les uns ou les autres, parce qu'il se croyait fait pour les gouverner tous.

C'est alors qu'apparaît une solution nouvelle. Pourquoi les républicains se diviseraient-ils? Pour faire triompher chacun ses doctrines? Mais les seules qui méritent le succès sont celles que le pays professe. Constater ses désirs manifestes, voilà le devoir véritable des hommes publics. Ce devoir est fait pour les réunir, et ils s'honorent en sacrifiant à ce maître commun leurs préférences particulières pour le servir comme il le veut. Certes, cela était un sophisme : sur la volonté du pays, les hommes politiques auraient différé comme sur la leur, mais le sophisme empruntait à son auteur une subite autorité. A ce moment, par ses services, par la force et les vulgarités mêmes de son éloquence, il était encore l'idole de la démocratie et déjà son maître par la hiérarchie des influences qu'il avait organisées pour la lutte et ne comptait plus licencier. La volonté du pays avait un interprète. Les élus de la veille auraient été mal venus à repousser le conseil de celui qui avait élevé leur fortune ou la pouvait détruire. D'ailleurs, la concorde semblait facile, demandée par lui ; le rôle prépondérant qu'il s'attribuait le mettait à sa place naturelle, et bien peu s'effrayaient d'abdiquer entre ses mains. Mobile et multiple, il offrait lui-même l'assemblage de toutes les doctrines, il possédait l'art de montrer pour toutes de secrètes préférences. Les profondeurs obscures de sa nature disparaissaient sous les reflets de sa surface, et beaucoup croyaient le connaître auxquels il n'avait laissé voir en lui que leur propre image. Il était l'espoir des modérés, des autoritaires, des bourgeois, du peuple : les démagogues n'en désespérèrent qu'à l'extrémité, et, dans une existence pleine de contrastes, il avait su se faire et garder de toutes parts les partisans les plus inattendus et les plus fidèles. Car il joignait aux dons retentissants qu'aime la foule le secret de manier les hommes, soit qu'il leur imposât sa volonté sans douter même de leur obéissance, soit qu'il déployât pour les gagner les irrésistibles caresses de la force.

L'union qu'il demandait devint le désir de tous. Il n'échoua qu'en un seul détail, mais qui suffirait à montrer la fragilité de toute l'entreprise. Il voulut briser les anciennes barrières des groupes et confondre les républicains en un seul, et rien n'était plus logique. Mais on dompte chez les hommes la volonté avant les instincts, et les plus fermes propos de concorde avaient laissé debout toutes les antipathies. De ceux qui touchaient au centre gauche à ceux qui confinaient à la Commune, tous repoussèrent comme une injure d'être confondus avec les autres. Résolus à ne pas se séparer dans leurs votes, ils ne poussent pas le courage jusqu'à délibérer en commun; ce sentiment demeure invincible et ce sont des groupes de plus en plus multipliés qui protestent contre toute dissidence entre les républicains. Mais cette ironie du bon sens ne fut comprise par personne, et l'on recueillit comme parole d'État cette solennelle naïveté que formula le chef d'un de ces groupes : « Nous serons d'autant plus unis que nous resterons plus distincts. »

Or ce pacte, présenté et accepté comme un expédient, était en réalité une révolution dans la hiérarchie et dans l'idée même du pouvoir politique.

Sous tous les régimes, dans tous les temps, un petit nombre d'hommes sont faits pour gouverner. La politique est l'art de les découvrir et de leur remettre l'autorité. Les aristocraties pensent, en réservant les affaires publiques à certaines castes, préparer mieux les hommes d'État; dans les monarchies, on tient le choix du prince comme plus sûr; dans les démocraties, le jugement populaire comme plus infaillible. Mais jamais, sauf dans deux écoles extrêmes où la superstition de la monarchie ou de la république en détruit l'intelligence, on n'a prétendu

que le génie politique résidât soit dans le roi, soit dans la plèbe.
L'opinion n'est pas plus apte à créer une politique qu'un chef-
d'œuvre de la plume ou du pinceau. Tout ce qu'on peut lui
reconnaître, c'est l'aptitude à juger ce qu'elle serait incapable
de produire. Comme elle n'a pas eu besoin d'avoir le génie de
Raphaël pour admirer Raphaël, ou de Shakspeare pour admirer
Shakspeare, elle n'a pas besoin d'avoir le génie de Richelieu
ou d'un Bonaparte pour le reconnaître : ce qui est beau, juste,
ou sage, satisfait le goût instinctif qu'elle a pour la vérité.
Dans les oligarchies et les cours, la connaissance ancienne que
les uns ont des autres, la vie commune qu'ils mènent, offrent
des occasions directes et constantes d'apprécier la valeur, et de
mettre chacun à sa place. Dans les démocraties, le peuple est
trop vaste et trop loin pour qu'il ait des hommes, de leur
origine, de leurs qualités une connaissance personnelle; entre
eux et lui, il n'y a qu'une relation : la parole.

Les débats publics sont le champ clos où les idées s'éprou-
vent et la démocratie juge, parce qu'elle s'instruit. Il n'est
pas nécessaire de faire de grands efforts pour vaincre devant
elle les doctrines grossièrement médiocres ou fausses. Comme
des lutteurs trop inégaux vident l'arène, elles disparaissent
promptement de l'opinion. Mais qu'il s'agisse dans la politique
extérieure ou intérieure de ces problèmes délicats devant lesquels l'expérience hésite et la conscience se trouble, de ces
sophismes, qui, parés par le talent, paraissent la sagesse même
de ces programmes qui flattent les préjugés si vivaces et les
passions si confiantes de la foule, la parole aussi tend des
pièges, et, dans les premières rencontres, assure plus de
chances à l'erreur qu'à la vérité. Pour dissiper dans les âmes
le charme où les plonge tout d'abord une voix qui semble un
écho de leurs désirs, pour leur faire goûter la différence entre
ce qui séduit et ce qui persuade, ce n'est pas trop d'épreuves
renouvelées, constantes, de débats qui brisent les plus solides
mensonges sous la lente étreinte du bon sens. Alors l'éclat de
la vérité triomphante désigne pour le pouvoir ceux qui ont su
la défendre et ont fini par l'imposer. Alors ces possesseurs légi-

times reçoivent pour récompense la mission de réaliser au nom de leur pays la politique qu'ils lui ont fait comprendre et aimer. La charge suppose des moyens d'action. Auteurs d'une politique, ils sont les plus capables de savoir ce qu'exige l'exécution de leurs projets, et quels instruments sont aptes à les servir. Le succès même commande qu'ils aient la libre disposition des hommes et des choses. Les limites qu'ils se sont tracées par leurs engagements, celles dont les entoure la surveillance du parlement, la possibilité toujours ouverte de leur tout enlever avec le pouvoir, dépouillent d'avance leur prérogative de ses plus grands périls. Enfin les abus inévitables dans les services qui disposent des budgets et des places sont moins à craindre quand seul un chef responsable a la disposition des faveurs : lui-même est contenu par son intérêt à ne rien perdre des forces qui lui sont confiées. Ainsi la pratique constante des pays libres y fixe le rôle de chacun. L'opinion publique, éclairée par ceux qui briguent sa confiance, choisit et contrôle ses mandataires; les chambres éclairées à leur tour par leurs discussions choisissent une politique, et ceux qui l'ont emporté gouvernent : le parlement est maître des ministres et les ministres sont maîtres de l'administration.

C'est cet ordre fait par la lutte loyale des doctrines que le parti républicain a détruit. La concorde de ceux qui ne pensent pas de même vit de leur silence. Dès que le pacte fut conclu, la parole devint l'ennemie. Pour la première fois, les ministres furent sans programme et les députés sans discours, la tribune n'apparut que comme une tentation dangereuse, et les plus grands orateurs n'employèrent plus leur éloquence qu'à se persuader tout bas les uns les autres de se taire.

Il y a pour tout corps élu une loi de vie : être d'accord avec l'opinion publique. Et, pour être d'accord avec l'opinion, il n'y a que deux moyens, la diriger ou lui obéir. En étouffant leurs désaccords dans le silence, les républicains s'enlevaient toute chance de former avec le temps, sur la ruine des utopies et des sottises, et par la conquête sans cesse recommencée de la vérité, une intelligence publique; ils interdisaient aux hommes de sens, de génie s'il s'en trouvait, le moyen de se révéler, ils privaient d'avance le pays des conceptions justes, ordonnées, profondes qui, sorties de la raison d'un seul et acceptées par la raison de tous, assurent la dignité du gouvernement et préparent ses succès. Ils se condamnaient à prendre pour guides, au lieu de ces clartés, les lueurs troubles et fugitives d'une opinion elle-même sans guide, les ignorances et les passions auxquelles ils ne songeaient pas à disputer l'empire. Cette politique enlevait la direction des affaires à ceux qui sont faits pour les conduire, elle la remettait à ceux qui sont incapables de les diriger.

Or, dans le pays, le parti républicain, tenu de 1871 à 1876 hors de la république et menacé deux fois par les retours offensifs de la monarchie de perdre la république elle-même, était demeuré une armée en bataille. Pour régler la stratégie d'une opposition qui voulait renverser le pouvoir et pouvait être conduite par les excès de ce pouvoir à la révolte, il avait fallu des hommes résolus à braver l'inimitié du gouvernement, les rigueurs des magistrats, et jusqu'aux redoutables chances d'une résistance violente. Dans chaque département, dans chaque canton, dans chaque commune, les plus énergiques devinrent les interprètes de leurs concitoyens auprès des chefs et exercèrent une double influence qu'ils devaient à leur initiative, car, aux jours de péril, l'autorité naît du courage.

La gravité des circonstances avait paru à certaines heures réclamer plus encore : une force solide, sûre et discrète, capable de porter partout avec discipline une impulsion bien réglée, et peut-être de grouper subitement, sur un point donné contre une entreprise imprévue, une résistance matérielle. Pour lutter contre le gouvernement, il fallait à l'opposition des fonctionnaires et des troupes ; elle les trouva. Les sociétés ouvrières avaient mis à son service, dans les grandes villes, leurs masses toujours mécontentes et facilement prêtes à l'action ; dans le pays entier, deux grandes sociétés, la ligue de l'enseignement et la franc-maçonnerie, leur activité bruyante et leurs forces occultes. Un certain nombre d'hommes vigoureux et

des associations puissantes avaient formé dans toute cette
période le gouvernement de l'opinion. C'est lui qui avait
donné aux législateurs leurs sièges. C'est lui qui allait leur
dicter leur politique.

L'ardeur du tempérament n'accompagne pas d'ordinaire la
modération des idées. Les volontaires qui s'étaient jetés dans
la lutte s'étaient recrutés presque tous parmi des hommes
absolus de doctrines et de passion, enclins à confondre les
unes avec les autres. Plusieurs, qu'on croyait seulement ennemis de la royauté, l'étaient de la société elle-même. Ils annon-
çaient ce goût de destructions subites et de réformes lointaines
qui est le caractère de la démagogie ; la plupart d'ailleurs,
étrangers à toute étude des affaires et plus accessibles par là
aux solutions radicales, car l'audace des négations séduit toujours l'ignorance. Dans cet ordre social qui leur était suspect,
leur haine désignait les victimes plus prochaines. C'étaient eux
qui, dans la lutte, avaient reçu les coups ; quiconque les avait
frappés, préfets, fonctionnaires, juges, devait être frappé à
son tour ; châtiment nécessaire à la fois pour assurer aux victimes réparation, vengeance et crédit. Voilà quels vœux on
entendait dans la France, voilà comment furent imposées à
la chambre et l'amnistie, et les épurations de fonctionnaires,
et la guerre contre la magistrature. Les associations, dans
lesquelles ces meneurs figuraient en grand nombre, approuvant
à leur tour cette politique, y ajoutèrent son dernier et prin-
cipal trait. Sans doute, c'était assez des vieilles préventions
du parti républicain contre le clergé, c'était assez des fautes
récentes qui avaient rajeuni ces préjugés pour donner à la
victoire de la République l'apparence d'un échec pour l'Église
et expliquer quelques représailles ; ce n'était pas assez pour
faire de la guerre religieuse cette œuvre froidement ordonnée,
toujours poursuivie, qui renaît sans motif et se perpétue sans
se lasser. Mais les deux puissances dont la république avait
eu l'alliance, la ligue de l'enseignement et la franc-maçonnerie,
avaient droit à leur part de victoire. L'une et l'autre ne pouvaient recruter leurs adhérents et leurs ressources que par

l'affaiblissement de l'Église; l'une et l'autre, toujours menacées par le bras ecclésiastique, voulaient enfin faire sentir à l'antique ennemie la force du bras séculier. L'on reconnut bien alors que la franc-maçonnerie est un ordre religieux en révolte, quand se déroula cette vengeance où apparaît à la fois la cruauté des luttes confessionnelles, le calme implacable des haines sacerdotales, et la corruption de l'esprit monastique tournée en science de persécuter.

Tous ceux qui avaient adhéré à l'union des républicains ne prévoyaient pas cette politique. Mais quand les modérés le reconnurent, ils s'y étaient associés déjà. Gambetta les entraînait, il fallait obéir. Les influences électorales, que leur silence avait rendues omnipotentes, ne leur auraient pas pardonné l'indépendance, il fallait vivre. La voix des partis extrêmes leur sembla la voix même de la France, ils eurent honte de leur sagesse, et l'on put voir complices de toutes les fautes des hommes dont la conscience et le nom même protestaient contre leur lâcheté. Seuls, les représentants des opinions démagogiques furent complices sans être dupes. Eux seuls ne couraient pas le risque d'être conduits trop loin. Eux seuls n'avaient pas besoin de la parole, elle était leur péril : eux seuls pouvaient diriger sans bruit une opinion faite par leurs comités et leurs associations. Gambetta lui-même, souverain apparent, était réduit à servir cette puissance, puisqu'il avait besoin de rester populaire ; il lui fallait à son tour se soumettre ou se démettre.

Telles furent les conséquences premières d'une grande erreur : le régime parlementaire devenu un régime de silence, un gouvernement d'assemblée changé en gouvernement d'un homme, et cette dictature consentie par tous au profit d'une minorité.

Mais la facilité que les inspirateurs de cette politique trouvaient à accomplir le mal ne leur donna pas l'illusion que le pays la voulût. C'est pour eux-mêmes qu'ils poursuivaient les persécutions comme les représailles, et ils rendirent témoignage à la France en cherchant à retenir par d'autres bienfaits un peuple que l'injustice ne suffit pas à gagner.

Le peuple, comme l'homme, est esprit et matière, et, comme il vit d'idées, il vit d'intérêts. Moins un gouvernement représente les unes, plus il doit servir les autres. C'est par des avantages matériels qu'on résolut de conquérir la France. Si un gouvernement démocratique a le devoir de développer la richesse et de rendre meilleures les conditions de l'existence, ce n'est pas un devoir facile. Trop de sujets mériteraient la sollicitude, et servir les intérêts du peuple, c'est choisir entre eux. Mais choisir, c'eût été créer des mécontents : l'on voulait satisfaire tout le monde.

Or, combien dans une nation savent ce qui est avantageux à tous, et qui ignore ce qu'il croit avantageux à soi-même? Moins les citoyens sont versés dans les affaires publiques, moins ils sont aptes à comprendre que la satisfaction de chacun serait la ruine de tous, et plus l'intelligence est obscure, plus la convoitise est ardente. Pour satisfaire un peuple sans l'éclairer, il faut lui promettre, lui promettre encore, lui promettre toujours. On ne servit pas le pays, on le gorgea. La grande pensée fut le plan des chemins de fer. Elle semblait s'inspirer de l'intérêt général. Elle était le triomphe des intérêts particuliers. Il ne s'agissait pas de tracer les lignes nécessaires, de calculer leur produit, de compléter un réseau en ses points faibles, de défier, par des abréviations de parcours, les détournements de trafic tentés au détriment de la France par des compagnies étrangères. Il s'agissait de faire circuler dans tous les arrondissements et passer à travers tous les cantons leur voie ferrée ; la carte en fut dressée par les conseillers généraux et les députés. Nul n'éprouva de refus ni n'en pouvait recevoir, puisque le but était d'établir en une matière inattendue l'égalité et les principes de 1789 : ils ne furent violés qu'au profit de personnages de première importance ; ceux-ci obtinrent deux et jusqu'à trois tracés sur leur territoire électoral ; la dépense, évaluée d'abord à 4 milliards, monta à 9, et le tout, préparé en quelques mois, fut voté en quelques jours par des assemblées où chacun donnait sans compter pour recevoir de même. Les pays déjà assez dotés pour que l'œil d'un législateur même n'y puisse

découvrir l'emplacement d'un chemin nouveau vont crier à
l'injustice : on améliore leurs canaux, on accorde sans distinc-
tion à toutes les villes du littoral des quais, des bassins, l'espoir
de devenir de grands ports. Cela n'empêche qu'on ne répande
en même temps sur le territoire des casernes, des écoles. Il y
a assez d'argent pour tout et pour l'appliquer partout. Encore
n'a-t-on satisfait ainsi, par des bienfaits collectifs, que les départements et les communes, êtres abstraits et peu capables de
gratitude. On veut s'attacher les individus eux-mêmes. Il faut
que la république se révèle à chacun de ses partisans par quelque faveur personnelle. La première, et la moins rare, est de
détourner d'eux les rigueurs de l'administration ou des lois.
Voilà pourquoi, des membres de la Commune aux moindres dé-
linquants, les amis ne sont pas poursuivis ; poursuivis, leur
peine est légère ; légère même, elle est peu appliquée. Mais la
seconde, la véritable faveur est de donner droit aux amis sur le
trésor. Voilà pourquoi tombent dans un subit oubli les éco-
nomies dont se leurrait la crédulité publique et les réformes
qui devaient, par la suppression des sinécures, restituer aux
libres carrières trop d'intelligences détournées de leur voie.
Comment supprimer des places qui deviennent des récompenses ?
et si elles sont des récompenses, comment amoindrir la solde
des dévouements qu'elles paient ? Voilà pourquoi les questions
de personnel prennent une subite importance ; pourquoi, les
vacances ne suffisant plus aux demandes, on épure sans cesse
les fonctionnaires ; pourquoi, les places manquant encore, chaque
jour on ajoute aux anciennes de nouvelles. Et cependant les
places manquent toujours, il faut faire plus grand ; la nécessité,
mère des ressources, donne aux hommes d'État du génie.
Comme leur regard parcourt la France, cherchant en vain ce
qu'ils n'ont pas livré déjà à la convoitise des solliciteurs, ils dé-
couvrent que le plus vaste des services publics, les chemins de
fer, est entre les mains des particuliers, ils constatent le nombre
de fonctions et d'avantages dont ces services disposent, ils
rêvent ce butin, et voilà pourquoi deviennent une question
capitale le rachat et l'exploitation des voies ferrées par l'État.

La raison dernière de la politique est de répandre et les faveurs et les traitements.

Or, qui dispose des traitements et des faveurs? L'administration. C'est donc elle que les candidats engagent par leurs promesses; pour les tenir, c'est elle qu'ils doivent dominer. A peine députés, en effet, leur premier soin est d'absorber tous les pouvoirs sur le territoire où ils sont élus. Non seulement les préfets et les agents politiques, mais les fonctionnaires de tous ordres n'appartiennent plus à l'État seul : l'État les propose, le député les nomme. Il le faut pour armer celui-ci contre les rivalités qui le menacent, il le faut pour que, lié à sa fortune, chaque fonctionnaire réserve les postes et les avantages dont il dispose aux protégés de son protecteur. Mais ces agents peuvent peu de chose, leur rôle se borne à proposer la solution des affaires importantes, elles se décident aux ministères. C'est donc aux ministres que les députés doivent d'être aimés ou craints, mais obéis.

Aussi quels soins nouveaux dans l'existence d'un homme public! Chaque matin, les sollicitations l'éveillent, les lettres et les audiences l'assaillent par toutes les formes de demandes. A l'importance du demandeur se mesurent aussitôt la légitimité de chaque prétention et l'urgence d'y satisfaire. Ce n'est pas à dire que celles de moindre importance soient destinées à l'oubli: on ne peut désobliger personne quand on dépend de tous, et il faut se souvenir que les petits sont aussi les plus nombreux. Cette dette que chaque jour ajoute aux jours passés devient la créance du député sur l'État; pour la poursuivre, dès que les portes des administrations publiques s'ouvrent, il y pénètre et souvent les a toutes à parcourir. Partout il doit se ménager des intelligences, savoir qui est accessible, par quels moyens, à quelles heures, se faire divers comme ceux dont il a besoin et faire surtout qu'ils aient besoin de lui. Les impossibilités qu'on lui objecte ne sont, à ses yeux, que des refus, les refus que des ajournements, les ajournements que des espérances; quand il insiste, il défend son bien; quand elle résiste, l'administration ne défend que le bien public : il sent sa supériorité. Aussi, en même temps qu'il presse la solution des affaires anciennes et introduit les nouvelles, il s'informe des sommes disponibles, des libéralités encore suspendues et songe aux moyens d'en attirer une part sur son collège ; il tient à jour sa connaissance des vacances produites et des mutations projetées dans les divers services, et combine des mouvements où trouve place sa clientèle. Qui veut suffire à un tel travail se montre plus assidu dans les bureaux des ministères que dans ceux de la Chambre. Les séances sont le seul moment ménagé aux employés pour leur travail et au député pour son repos. Rarement quelque conflit d'ambition, plus rarement un orateur capable de donner une voix aux passions dominantes animent d'un intérêt fugitif le jeu de la tribune. Seule l'opposition apporte quelque imprévu dans un ordre si bien réglé, et il arrive qu'on l'écoute par tolérance et pour lui prouver ce que valent des arguments contre une majorité. Mais d'ordinaire il n'est pas nécessaire d'entendre ce qu'on est résolu à voter. La salle est désertée pour les couloirs, le seul refuge où l'on se délasse à apprendre des nouvelles, à en faire, parfois à dire la vérité, et à juger à l'abri du public la pièce, les acteurs et soi-même. Mais là même on porte son joug : les électeurs ont failli attendre. Ne faut-il pas informer les fonctionnaires de ce qu'on exige, les maires, les particuliers de ce qu'on exécute, écrire pour soutenir le zèle, écrire pour donner patience, écrire pour bien montrer la difficulté d'obtenir la veille du jour où l'on écrira pour annoncer le succès ? Et tandis que les affaires s'engagent, que les budgets s'amassent, le député écrit jusque dans la salle des séances, où il peut lever pour le vote une main armée de sa plume, et suffire à une double tâche que la clôture interrompt, mais n'achève pas. Le soir ne reste-t-il pas avec les réceptions et les dîners officiels ? Pour peu que le député se montre fidèle, il jouera de malheur s'il ne joint quelqu'un des ministres ou de leurs subordonnés et ne profite de la rencontre pour obtenir quelque chose. Chemins pour sa circonscription, monuments pour sa ville capitale, secours pour ses écoles, tableaux pour ses musées, livres pour les bibliothèques, il accepte tout et fait popularité de tout sans mépriser

les petits profits. Et s'il a obtenu une somme importante pour
un objet contestable, ou poussé à un poste en vue un candidat
dépourvu de mérite, il a prouvé l'étendue de son crédit et
répète avec Titus : « Je n'ai pas perdu ma journée. »

Dans une journée si pleine, où est le loisir pour le travail,
les lectures et, ce qui est plus nécessaire encore, la retraite?
Le moyen de former des pensées et de préparer des paroles
dignes d'un grand pays ? d'en juger la situation dans le monde?
d'avoir une politique extérieure ou intérieure ?

Et si les députés dirigent l'administration, quel rôle reste aux
ministres ? Celui-là même que les députés n'ont pas le temps
d'exercer : la conduite des affaires générales au dedans et surtout
au dehors. Les ministres peuvent, à peu près sans obstacle,
imposer le régime commercial qu'ils préfèrent, tenter un système d'alliances, exercer jusqu'au droit de paix et de guerre,
engager l'épée de la France en Grèce, en Tunisie, au Tonkin.
Ce sont eux qui gouvernent, sans que le parlement, trop
occupé, leur fasse un obstacle ni peut-être une question. Mais
qu'ils ne pensent pas être maîtres dans leur propre ministère,
s'assurer le concours d'un collaborateur indispensable, dont le
nom sonne mal aux oreilles des députés, supprimer les fonctionnaires inutiles ou peu sûrs, mais forts de quelque appui
politique, récompenser leurs subordonnés en tenant compte de
leur mérite, leur donner pour instructions de servir uniquement le bien de l'État. Deux ministres l'ont tenté dans ces
dernières années. Quand M. Barthélemy Saint-Hilaire vit l'influence parlementaire étendue jusqu'aux nominations diploma-
tiques, sa grave honnêteté s'étonna dans un noble langage, et,
comme il l'avait dit, il sut faire respecter son indépendance.
Mais les fonctions qu'il défendit contre l'intrigue sont, par
leur petit nombre, comme par les aptitudes qu'il y faut montrer, les moins exposées. Un autre ministre voulut peu après
suivre cet exemple, et, en prenant possession du pouvoir,
M. Waldeck-Rousseau essaya de ressaisir une autorité que le
parlement tout entier exerçait sur ses services. Mais ces services
étaient ceux de l'intérieur, ceux qui ont sur la politique élec-

torale l'action la plus directe. Loin que les sages idées du ministre convainquissent la Chambre, elles furent une des causes de la rupture entre la majorité et M. Gambetta. Sauf ces deux exemples, tous les ministres ont accepté sans lutte la situation. Et seuls ceux qui ne luttaient pas avaient raison. Un cabinet qui prétendrait enlever aux députés la disposition des places et la distribution des grâces leur enlèverait leur force électorale. Leur fortune, qui flotte sur ces faveurs, échouerait si le fleuve cessait de couler. A tolérer qu'un cabinet leur résiste, ils se perdraient eux-mêmes, et ils seraient contraints à décréter sa mort pour vivre. Grâce à ces mœurs nouvelles, la grande vertu de la politique est la docilité. Le suffrage universel est le maître ; les députés ont pour fonction d'entendre ce qu'il veut et de l'exécuter sans retard ; ils confient pour cela les grandes charges de l'État à des hommes capables de les aider, et, dans cette hiérarchie de la soumission, les ministres sont placés au sommet pour obéir à tout le monde.

Quand le mandat politique, avili dès l'origine, s'achète par un marchandage également fâcheux pour les électeurs et pour les élus, quand, exercé sans indépendance, il devient un esclavage public au profit d'intérêts particuliers, quand il contraint ses possesseurs à abandonner leurs attributions véritables, à usurper sur les prérogatives du gouvernement, à livrer le pays aux plus violents et aux plus avides, que lui reste-t-il de son prix ? Quel prix surtout reste aux grandes charges de l'État quand le titulaire, dépouillé de ses droits, étranger au milieu de ses agents, parfois trahi par eux, incapable de rien faire et de rien empêcher, voit son pouvoir au pillage, dispersé entre toutes les mains, et ne garde dans les siennes qu'un roseau pour signer sa complicité dans les actes des autres, et mettre son nom dans toutes les fautes? A défaut d'honneur, l'intelligence suffit pour rendre défavorable aux politiques funestes. L'esprit comme la conscience a ses révoltes. Or les passions des partis n'aiment pas plus la révolte de l'intelligence que celle de la dignité. Il y a dans la démocratie, surtout quand elle s'égare, une haine ombrageuse de toute contradiction. Il ne lui suffit pas qu'on la serve ; elle ne veut pas qu'on la juge. Ainsi s'explique la décadence du personnel politique. Les hommes de valeur morale ont disparu les premiers ; les uns se retirent par lassitude d'un monde où ils ne trouvaient plus leur place, les autres brisés sans fléchir, mais tous condamnés pour leur indocile vertu. Les hommes de valeur intellectuelle sont devenus suspects à leur tour. La souplesse des moins scrupuleux ne rassure pas la faction qui dirige la politique contemporaine ; elle ne se sent tranquille que devant la sottise, et à chaque mouvement électoral elle désigne au suffrage du peuple des favoris plus selon son cœur. Et cette médiocrité de ceux qui gouvernent explique à son tour la misère de l'œuvre législative, la pauvreté de la parole publique, la désorganisation des services, l'inertie de notre rôle extérieur, le désordre des finances et, en face de tous ces maux, le mal dernier et suprême, l'égale incapacité de prévoir et de réparer. ·

Car, si les nations font les gouvernements à leur image, il est plus vrai que les gouvernements donnent au peuple leurs vertus à la longue, et, avec une redoutable promptitude, leurs vices. Croit-on que ce peuple, s'il lit l'impuissance ou la servilité sur le front de ses chefs, conserve intact le respect de l'autorité ? Et cependant demeure-t-il inaccessible aux erreurs, aux abaissements de ceux qu'il méprise ? Comment le marché public des places et des faveurs aurait-il étalé partout sa tentation permanente sans donner au pays le plus avide de fonctions publiques la manie de vivre aux frais de l'État ? Comment le caprice de fortunes que rien ne justifie et le scandale de celles que tout condamne n'aurait-il pas détourné du travail modeste et des efforts consciencieux sur lesquels s'élève avec tant de lenteur le succès des honnêtes gens ? Lorsque les luttes des ambitions semblent la fièvre et les hasards d'un jeu, quand l'intrigue, les délations, les calomnies, tous les vices bas, — qui naguère n'étaient pas français, — conduisent aux plus hautes charges, comment ne seraient pas ébranlées jusque dans les citoyens les plus humbles l'indépendance, la sincérité, la modération, tout ce qui fait la grandeur morale d'un peuple ? Si la générosité et la douceur des mœurs, le respect pour les faibles, la pitié pour les vaincus, l'amour du droit désarmé, ont fait place au culte de la force, à une rudesse toute nouvelle, à des instincts inconnus de violence, qui a poussé les premiers cris de haine, commis les premiers attentats contre les personnes et contre le droit, si ce n'est le gouvernement? Si la menace gronde aujourd'hui contre lui-même et monte plus haut, si la démago-gie sape avec des forces croissantes ce qui reste d'ordre dans la société, de raison dans les esprits et de vertu dans les âmes, cette guerre n'est-elle pas née de la guerre contre les croyances et prétend-on n'avoir pas affaibli la morale parce qu'on en a seulement coupé les racines? Et si les prolétaires, désormais certains, grâce aux politiques, qu'il n'y a rien au delà de ce monde, veulent en ce monde leur part, si, ne la trouvant pas, ils le condamnent, si, n'ayant pas le temps d'attendre, ils en appellent à la force, ils n'effrayent leurs maîtres que pour en avoir trop compris les leçons. Maîtres insensés de n'avoir pas compris eux-mêmes que jamais l'homme ne saurait renoncer à être heureux, et que l'immense bienfait des religions, de toutes les religions, c'est de lui donner la patience! La corruption du pays, voilà le mal dernier et le plus funeste d'un mauvais régime : il empoisonne jusqu'aux sources d'un meilleur avenir.

Telle est la fécondité de l'erreur. Tous ces résultats s'enchaînent, tous se rattachent à une cause : l'union des républicains. Cette politique a fait le mal ; comment, si elle dure, le guérirait-elle? Si l'on veut détruire les conséquences, c'est la cause qu'il faut détruire. Il est temps que la sagesse n'obéisse plus, mais commande, que la raison ne se taise plus, mais se révolte; il est temps que se rompe la fausse alliance où toutes les vertus de la France demeurent captives. Si l'union des républicains a fait la république, la division des républicains peut seule la sauver.

IV

La société politique se compose d'individus et forme un être collectif. Également nécessaires, les prérogatives des citoyens et celles de l'État ne peuvent s'étendre qu'aux dépens les unes des autres; concilier leur conflit est la grande difficulté de ceux qui gouvernent, et sous prétexte d'établir entre elles un juste équilibre, ils inclinent eux-mêmes, selon la pente de leur instinct, les uns vers la liberté, les autres vers l'autorité. Cette division des esprits, que la nature a créée, que la pratique universelle des pays civilisés reconnaît, que partout exprime le nom même des partis, et qui avait disparu de France par la seule vertu d'un mot d'ordre, tente de renaître. C'est dans les heures de crise que le bon sens se libère des sophismes; mais si le mal accompli témoigne que la confusion n'est pas la concorde, le remède est-il de choisir entre ces deux méthodes de gouvernement? Existe-t-il dans la masse innomée des républicains, les éléments d'un parti autoritaire et d'un parti libéral?

Il y a, en effet, à cette heure, un groupe de politiques voués, disent-ils, à la défense de l'individu contre l'oppression de l'État. C'est lui qui, par des lois récentes, a étendu sans limites la liberté de la presse et celle de réunion; c'est lui qui, devançant la loi, pratique sur toute la surface du territoire la liberté d'association; c'est lui qui s'indigne quand on applique la loi même contre l'Internationale. Son respect pour les minorités lui rend inviolables jusqu'aux emblèmes séditieux, son respect pour l'indépendance de l'esprit le désarme même devant des productions immorales. Nul ne veille avec plus de jalousie sur tous les droits conquis depuis 1789, contre le pouvoir, et

surtout sur ceux qui sauvegardent la liberté individuelle. Ce
n'est pas seulement le citoyen qui lui semble sacré, c'est
l'homme, et l'inflexibilité de ses principes protège les étrangers comme les nationaux. Si les plus obscurs ou les plus
dangereux parmi les vagabonds de l'anarchie, cherchant en
France un refuge, pour la troubler ou au risque de la compromettre, sont saisis et expulsés par la police, il n'a pas
assez d'indignation contre cet attentat à l'hospitalité ; et si la
justice de leur pays les réclame en vertu des traités et de
leurs attentats, il romprait avec toutes les puissances avant de
livrer les réfugiés, dans les crimes desquels il ne voit que des
manifestations d'opinion politique.

L'exagération de telles doctrines paraît un garant de leur
sincérité. Mais voici qu'un jour, au nombre de plus de dix
mille, des hommes réclament le libre exercice de leurs droits
sur le sol de la France, et le parti de la liberté intraitable
exige qu'on leur enlève la liberté d'enseigner, de vivre en
commun, celle d'habiter leur domicile, celle de se vêtir à
leur gré. On jette hors de la frontière ceux qui sont étrangers : les champions de l'hospitalité approuvent et réclament
le même sort pour les Français. La force obéit, assiège les
demeures closes et disperse leurs habitants. Répétant, après
l'apôtre Paul : *Civis sum*, les victimes réclament au moins,
dans les rigueurs, un traitement conforme à leur condition ;
si elles doivent périr, ce n'est pas sous la main de la police,
c'est sous le fer de la loi ; elles invoquent la justice : la police
défend aux magistrats de juger, et les ennemis de tout arbitraire approuvent. Ceux en qui tous les droits individuels
ont été violés par le gouvernement n'ont pour connaître de
leur plainte qu'une assemblée de fonctionnaires nommés et
révocables par lui, et ceux qui avaient voué aux tribunaux
d'exception une haine irréconciliable applaudissent et ne veulent plus même inscrire dans la loi, de peur que les victimes
ne l'invoquent, la liberté d'association. Pourquoi ? Parce que ces
hommes, ces citoyens sont des moines, parce que la religion,
ennemie de la tolérance, doit être exceptée de la tolérance. Admi-

rable prévoyance qui, pour sauver la liberté dans l'avenir, la sup-
prime dans le présent ! Qu'est-ce à dire d'ailleurs ? Que les représentants de doctrines dangereuses sont hors du droit. Et
quelles sont les dangereuses ? Celles qui semblent telles au
détenteur du pouvoir. Mais, s'ils voient aujourd'hui des périls
dans des doctrines religieuses, n'en verront-ils pas demain
dans les doctrines politiques ? S'ils se donnent la mission de
défendre la République, manqueront-ils au devoir de défendre
leur république, non seulement contre des moines, mais contre
des laïques, même contre des républicains ? Leur arbitraire
aura-t-il d'autre limite que leur danger, c'est-à-dire leurs
craintes ? Leur rigueur ne croîtra-t-elle pas à mesure que
grandira dans le pays la force des idées proscrites ? Et qui
leur a donné l'infaillibilité nécessaire pour proscrire des idées ?
N'est-ce pas dès lors l'omnipotence de l'État qui écrase la
pensée ? et quelle différence sépare de la dictature une liberté
qui luit pour les seuls amis ou pour les adversaires impuis-
sants ? C'est en face de leurs adversaires les plus déclarés et
les plus redoutables que les hommes de liberté doivent con-
fesser leur principe. Pour les républicains, la religion était
l'épreuve, précisément parce qu'elle était l'ennemie. Et ils ont
succombé à l'épreuve de façon à n'avoir plus eux-mêmes le
droit d'invoquer la liberté.

L'autre groupe se vante d'aimer l'État, craint uniquement
qu'il soit porté atteinte à cette grande force et se consacre à
l'accroître. Il n'en veut rien laisser usurper par les autorités
locales, professe pour la décentralisation un mépris mêlé
d'inquiétude, proteste que la nomination des maires rendue
aux conseils municipaux dans les chefs-lieux de canton est
un péril public, et pleure sur l'unité française quand on
songe à établir des conseils cantonaux. Il ne consent pas
davantage que des individus mettent obstacle à l'harmonie
générale dont le gouvernement doit être l'auteur et le gardien.
A tout attentat social ou politique il prépare la ferme répres-
sion des lois, et, s'il le faut, de l'armée. Il ne recule pas pour
défendre l'ordre devant les moyens préventifs ; la société est

pour lui la réunion des honnêtes gens, et pour assurer leur repos contre de dangereux contacts, il rajeunit jusqu'aux pénalités romaines et prépare la « relégation » sans fin hors du territoire aux coupables de perversité ou seulement de misère. Il n'hésite pas davantage devant de plus pures victimes, et, cette fois, c'est à la Grèce qu'il emprunte l'ostracisme comme une arme régulière contre les princes ou les citoyens trop puissants. Enfin la liberté, à cause de la contradiction d'efforts qu'elle engendre, lui est une image du désordre. Il tend à lui substituer l'État jusque dans l'enseignement, « pour arracher l'enfant à la barbarie paternelle ».

Certes! voilà, à défaut de respect pour l'individu, un amour fier et exclusif pour la société. Mais qui le professe? Quels hommes repoussent comme une usurpation sur la souveraineté toutes franchises accordées à une portion de territoire? Ceux qui, sans une garantie, ont voulu rendre dans la capitale la souveraineté elle-même captive du pouvoir municipal. Quels hommes déclarent intolérable l'élection d'un maire dans le plus chétif chef-lieu du plus lointain département? Ceux qui hier donnèrent un maire élu à Lyon et n'oseront pas demain le refuser à Paris. Quels hommes sont sans pitié pour les libertés les plus régulières, quand leur exercice gêne la suprématie de l'État? Ceux qui ont été sans colère contre la révolte sauvage de 1871, où l'idée même de l'État était niée. Quels hommes prétendent réclamer la religion de la patrie? Ceux qui ont amnistié la Commune. Quels hommes préparent comme indispensable à la sécurité publique l'exil des repris de justice et des vagabonds même? Ceux qui ont été chercher en exil et ramené en France des voleurs, des incendiaires et des assassins. Quels hommes dénoncent les périls de la démagogie, et menacent les esclaves ivres d'aller les chercher jusque dans leurs repaires? Ceux qui en connaissent les chemins pour avoir, dans ces repaires, signé sous la dictée de ces esclaves plus d'un mandat impératif. Encore le moindre scandale de ces politiques est-il le désaccord entre le passé et le présent. C'est dans chacun de leurs actes que leur autorité morale se brise

au choc des contradictions. L'État est une idole dont ils sont
les prêtres, et ils donnent le constant exemple des attaques,
des injures, des calomnies, qui mettent en question l'honneur
des plus hauts fonctionnaires, la dignité des partis, la concorde
des assemblées. Ils veulent apaiser les esprits et ils dénoncent
à la haine comme ennemis des catégories entières de citoyens.
Ils exigent qu'on respecte les lois et ils les violent ; qu'on
s'abstienne de violence, et ils y recourent. Leur rôle est de
traiter en coupables ceux qui suivent leurs exemples : si
quelque pauvre fanatique brise une croix, frappe un prêtre,
tente le sac des cloîtres qui abritent encore les femmes, ils
l'arrêtent : et eux ont forcé, sans plus de droit, les mêmes
enceintes, souffleté l'Église et arraché la croix jusqu'au front
des demeures sacrées où grandit l'enfance et où repose la mort. Ce
corps judiciaire même auquel ils livrent les coupables et dont la
fermeté les rassure, ils préparent sa destruction. L'armée enfin,
cette raison dernière des républicains comme des rois, si elle
n'est pas atteinte par la menace, l'est par la faveur ; pour l'attacher plus directement à un parti, on cherche en elle des créatures,
l'inégalité des conditions faites aux mérites égaux y sème des
divisions, des souvenirs amers, et ainsi va diminuant sa force
avec son unité. Étranges défenseurs de l'État, ils faussent de leurs
mains insconscientes les instruments du pouvoir, et ne soup-
çonnent pas même que, pour les faire durer, il les faut faire respecter ; que, pour les faire respecter, il faut les respecter soi-même.
Elle est donc vaine la tentative de diviser les républicains en
libéraux et en autoritaires. Non que l'idée soit fausse, mais
pour l'appliquer il faudrait d'abord apprendre ce qu'est l'autorité aux autoritaires, et aux libéraux ce qu'est la liberté.

V

D'ailleurs le plus nécessaire est-il de choisir entre la liberté et le pouvoir, quand tous deux sont menacés à la fois? Vivons-nous dans ces temps réguliers où les partis élèvent leurs différends de détail sur les bases solides de là prospérité publique, où chacun travaille à loisir au triomphe de sa philosophie politique? Il s'agit de ne pas permettre que s'achève une désorganisation déjà commencée. L'urgence des périls ne laisse pas plus de place à la lenteur des remèdes qu'à la variété des moyens ou à la grandeur des espoirs : elle porte avec elle la leçon des devoirs simples qui s'imposent aux hommes d'État.

L'ordre est troublé dans les finances. Il faut pour le rétablir que les dépenses nécessaires soient limitées, les superflues proscrites. L'ordre est troublé dans le pouvoir politique. Il ne revivra pas tant que les ministres n'auront pas recouvré leur autorité naturelle sur leurs agents et les chambres sur l'opinion. L'ordre est troublé dans les esprits. Pour qu'il y renaisse, le gouvernement doit abandonner toute entreprise sur la liberté des consciences, et comprendre qu'il est fortifié quand le peuple fortifie lui-même sa soumission aux lois de son attachement à une loi morale; reconnaître que la loi morale a pour fondement nécessaire ou tout au moins universel les croyances religieuses, et, partout où elles existent, les respecter comme la plus sûre barrière à la menace constante qu'élève, dans une démocatie, contre la société, la coalition du vice, de l'ignorance et de la misère.

On peut à peine appeler une politique cette sagesse toute négative. Elle n'est que l'abstention des fautes les plus grossières. Pour la pratiquer, il suffit de n'être pas contre le bon sens;

et c'est à son service qu'il semblerait facile de réaliser cette unanimité si chère aux républicains. C'est contre elle, au contraire, que l'unanimité s'est faite : c'est quand il s'est agi d'ouvrir le trésor, de bouleverser la hiérarchie, de persécuter les consciences, que les partis ont sincèrement abjuré leurs divisions et confondu leurs drapeaux.

Sans doute, à l'heure présente, le résultat apparaît. Mais la vue du danger donne-t-elle toujours du courage ? Resteindre les dépenses, c'est enlever, malgré des promesses solennelles, aux départements, aux cités, aux communes, les travaux, les subventions, les ressources de tout genre auxquelles ils sont accoutumés ; restaurer le pouvoir politique sur ses bases, c'est enlever aux influences parlementaires la dépouille immense des fonctions publiques ; respecter les consciences, c'est enlever aux sectes la dépouille de « l'ennemi ». Où les députés trouveraient-ils le courage de vouloir à la fois contre leur intérêt et contre leur passion ? Lesquels, parmi ceux qui ont occupé le pouvoir, n'ont pas mis leur honneur particulier à augmenter chacun l'anarchie du gouvernement et le gaspillage du trésor ? Tel restreindra-t-il les travaux publics, son plan ? tel les prodigalités de l'enseignement, son œuvre ? tous enfin apaiseront-ils la guerre religieuse, leur ressource commune? Non ; si visible que soit la nécessité d'un changement, ce n'est pas de la Chambre qu'il faut attendre le remède. Il lui manque deux choses : une majorité pour y souscrire, un homme même pour le proposer.

Perdre tout espoir dans la Chambre, c'est presque perdre l'espoir dans le gouvernement républicain, car elle semble la seule force vivante. La constitution a cependant créé deux autres pouvoirs. Qu'y a-t-il à attendre de la présidence et du Sénat ?

Même dans les monarchies où la défiance des peuples a le plus étroitement tracé les prérogatives de la couronne, c'est une grande autorité que celle du chef de l'État. Les constitutions limitent ses pouvoirs, mais non son influence : la fonction est ce que la fait le titulaire. Plus d'un, par la persistance calme, mesurée d'une volonté sûre d'elle-même, a vaincu doucement tout le monde. A plus forte raison, dans un État républicain, un chef choisi pour ses qualités politiques, et dont l'élection élève et augmente le prestige, peut-il sans usurpation mettre au service public son expérience, manifester son dévouement par ses conseils et, pour faire obstacle au mal que prévoit sa sagesse, jeter dans la balance des événements sa volonté et la menace de sa retraite.

Quand M. Grévy avait été porté à la présidence, peu d'existences étaient vides de services à l'égal de la sienne. Quelques discours en 1848, deux durant l'Assemblée nationale, tous coulés froids dans le même moule classique, un écrit superflu sur le « gouvernement nécessaire » étaient les médiocres fruits de ses veilles. Son nom ne demeurait attaché qu'à une manifestation faite, en 1848, contre la présidence et, en 1875, contre la constitution. Comme certains peuples ont conquis leur unité par leurs défaites, il avait fait sa fortune par deux échecs, et la constitution qu'il n'avait pas votée lui donnait le pouvoir qu'il avait voulu détruire. Pourtant il avait des titres meilleurs. Sa constance à réclamer des élections après le 4 septembre était un gage de son respect pour le droit; l'égale indifférence qu'il avait témoignée à tous quand il dirigeait les débats des Chambres semblait la preuve de son impartialité envers les partis. L'homme, enfin, avec la culture de son esprit, l'agrément calme de son entretien, semblait fait pour occuper le pouvoir avec une dignité simple. Tel de ses défauts pouvait même l'y servir; si sa nonchalance était passée en proverbe, elle devait le tenir éloigné des aventures, des excès, et l'on se flattait de trouver en lui les vertus de l'inertie. Mais, pour agir sur les hommes, il faut aimer leur commerce, et c'est à force de les étudier qu'on se rend habile à les conduire. M. Grévy, loin de les attirer, a porté à la présidence la solitude de sa vie, heureux d'être monté assez haut pour devenir inaccessible. Quelle aptitude est d'ailleurs celle d'un politique élevé à l'école de la théorie et de l'opposition? Étranger aux affaires extérieures, lassé d'avance de celles qu'il connaît, il n'a jamais résisté à une faute : nul intérêt ne vaut la fatigue d'une lutte. Et comme les hommes excellent à transformer leurs faiblesses en doctrines, il a érigé son indifférence en devoir. Il a établi en principe qu'il était fait pour signer les résolutions des Chambres, et mis son courage à contempler les maux du pays sans en paraître ému. Il s'est retiré des affaires publiques dans le premier poste de l'État.

Le troisième pouvoir, à juger par l'apparence, vit des mêmes passions que les deux premiers, et tempère les ardeurs de l'un par la nonchalance de l'autre. L'activité lui manque pour pousser au mal, mais aussi pour l'empêcher, et, quand il parle, c'est la voix de la Chambre qu'il entend encore, fidèle et adoucie comme un écho. Quelques sénateurs, il est vrai, pensant qu'une vie de dévouement à la République leur enlevait le droit de se taire, n'ont incliné devant le triomphe d'aucune erreur la rectitude de leur conscience ; ils ont rappelé la démonstration répétée depuis Aristide par les siècles, et toujours méconnue par l'heure présente, que l'injuste n'est jamais l'utile : ils ont été courageux et sages.

Mais la sagesse qui ne convainc pas, irrite, et rien n'est injurieux comme le courage à la servilité. C'est seulement contre ceux qui lui demandaient d'avoir une volonté propre que le sénat s'est montré capable de volonté. Ce n'était pas assez de fuir la contagion de leurs idées ; il a évité jusqu'au contact de leurs personnes, et la politique a eu ses excommuniés comme les connut l'antique foi. Si tels sont les condamnés, que dire de ceux qui les condamnent et qu'espérer de l'avenir si les votes des hommes portaient toujours témoignage de leurs pensées ?

Et pourtant quiconque connaît les deux chambres, si unies par les votes, ne peut supposer qu'elles pensent de même, ni comprendre, si l'une obéit à l'autre, que l'assemblée en tutelle soit le sénat. La plus grande diversité entre elles tient à la valeur du personnel, et si toutes deux représentent le même territoire, elles ne semblent pas sorties de la même société. Au sénat, il n'y a guère d'hommes qui n'aient vieilli au service de l'État. La plupart de ceux qui ont dirigé sa politique, les plus éminents de ceux qui l'ont représentée au dehors, des chefs des grands services publics, y siègent et réunissent l'expérience de plusieurs gouvernements. Les plus dépourvus de titres ont traversé plusieurs assemblées sans se perdre, ce qui prouve de la sagacité et de la mesure, car, à la longue, toute exagération devient impopulaire. Les plus étrangers à la politique sont les plus illustres; le sénat lui-même les prend à la science, aux lettres, à l'armée et se couronne de rayons empruntés à toutes nos gloires. On ne vit pas impunément au milieu de telles clartés. L'habitude des affaires rend inaccessible aux utopies, apte à prévoir les suites naturelles des actes, hostile à tout désordre. La culture intellectuelle rend insupportable ce qui est grossier dans la pensée, vulgaire dans les sentiments, violent et hypocrite surtout, car ce serait une monstruosité que l'esprit s'élevât sans élever le cœur. Comment donc ces administrateurs ont-ils adhéré à des mesures qui perdent l'administration, ces financiers à des dépenses qui mènent au déficit, ces magistrats à la ruine de la justice, ces soldats à des expériences funestes pour l'armée, ces diplomates aux fautes de notre action extérieure, ces personnages parlementaires et ces anciens ministres à une politique en contradiction avec l'œuvre honorable de leur vie, tous Français et républicains, à un régime également funeste pour la République et la France?

Cette défaillance ne les accuse pas seuls : eux aussi portent le poids d'une faute originelle qui n'était pas la leur. Au 16 mai, le Sénat monarchique, ligué avec la présidence, avait terminé par la dissolution son conflit contre la Chambre. En renommant celle-ci, le pays avait désavoué les deux autres pouvoirs. Et même quand la présidence eut changé de titulaire, même quand le renouvellement partiel eut donné la majorité aux républicains dans le Sénat, l'un et l'autre demeurèrent frappés d'impopularité. L'apparence d'une hostilité contre la Chambre aurait suffi pour menacer leur existence même. Telle est la suite et le châtiment des tentatives mal conçues. Non seulement leurs auteurs y risquent leur personne ou leur pouvoir, mais ils para-

ysent jusque dans les mains de leurs successeurs les instruments dont ils se sont mal servis et les idées justes qu'ils ont
usées.

Ce mal était un gain à la fois pour les démocrates inflexibles
qui ne consentaient pas au partage de la souveraineté entre
deux assemblées, et pour les démocrates ambitieux qui avaient,
sous prétexte de concorde, persuadé à la Chambre d'abdiquer
entre leurs mains. Peu importait qu'elle fût docile, si au Sénat
éclatait la rébellion des intelligences : là ils voyaient assemblés
leurs rivaux et leurs maîtres. Immobiliser ces forces, c'était à
la fois réaliser le rêve d'une assemblée unique, et trancher d'un
coup toutes les têtes du parti républicain. S'il ne fut pas difficile d'éveiller la fierté de la Chambre et de la convaincre que
toute opposition contre elle serait un attentat contre la France,
il ne fut pas plus difficile d'appeler sur ces dispositions les
inquiétudes du Sénat et de le persuader que tout acte d'indépendance serait une alliance avec la droite et une attaque à la
République. Deux ressorts poussés, ici la vanité, là la peur,
chaque assemblée se trouva prise à son piège. Certains au Sénat
le devinèrent sans y tomber, mais la chose était prévue. L'indignation de la presse, la colère de la Chambre, les calomnies
et les insinuations éclatèrent contre eux avec un fracas bien
réglé. Les meneurs ne dissimulèrent pas que les imprudences de
quelques-uns mettaient en péril le corps entier, et en s'asso-
ciant au trouble de la chambre haute le portèrent au comble.
Alors le Sénat lui-même devint le gardien le plus vigilant de son
abdication et ne songea plus qu'à défendre sa vie contre ceux
qui voulaient sauver son honneur. Pour qui tenait à se duper,
des motifs plus nobles justifiaient cette défaillance. La résolution
de décourager les partis hostiles par l'immuable union des
vainqueurs, et, illusion immortelle de la faiblesse, l'espoir de
gagner quelque influence en s'abstenant d'exercer ses droits,
servirent aussi à persuader au Sénat de devenir assez inutile
pour que nul ne songeât à le supprimer. Aussi les sages accep-
tèrent sans protester les premiers actes de la Chambre : ils
yaient chaque fois n'adhérer qu'à une injustice, ils formaient

une tradition. L'habitude est, surtout en politique, une servitude. Bientôt le souvenir de ce qu'ils avaient toléré leur enleva le droit de se contredire, et chaque jour leur fournit un prétexte pour faire une concession qui devait être la dernière et rivait à leur chaîne un nouvel anneau.

Mais s'ils ne l'ont pas rompue, ils ne l'ont pas portée sans frémir. De combien de querelles intimes est fait le bel accord des votes ! Combien demandent en secret pardon aux causes justes qu'ils renient ! et si, le *Journal officiel* venant à disparaître, on jugeait le Sénat d'après les confidences de ses membres, quelle estime lui devrait l'histoire ! Parfois sa fidélité était si chancelante et ses dégoûts si visibles que le gouvernement a dû appeler à son aide les sénateurs qui exercent des fonctions publiques ou représentent la France au dehors ; en plus d'une circonstance, les voix des ministres même furent nécessaires pour donner aux mesures prises par eux une apparence de majorité. Enfin il est des cas où le Sénat sut donner au pouvoir cette leçon du silence que rendait plus éloquente la complaisance ordinaire, ou même refuser publiquement son concours. C'est ainsi que, par son opposition à l'article 7 et à l'enlèvement des crucifix, il a marqué son opposition au premier et au dernier acte de la lutte religieuse. C'est ainsi que naguère, en rayant un million au budget, il a manifesté sa volonté de rétablir l'ordre dans les dépenses. Certes c'est peu, mais comme un éclair suffit à reconnaître les visages dans les ténèbres, cette lueur fugitive perce la nuit des âmes, et entre elles apparaît une ressemblance plus forte que leurs efforts à se défigurer. Quel désaccord sépare les républicains de la majorité et ceux qu'ils flétrissent du nom de dissidents, et légitime l'éloignement haineux où ils s'obstinent comme pour ne pas voir que leur rupture est sans raison ? Ils détestent les mêmes choses, ils souhaitent les mêmes choses, les uns disent toujours ce que les autres disent rarement, les uns proclament haut ce que les autres murmurent bas. Ils ne sont divisés que par le courage. Est-ce au courage que l'événement a donné tort ? Ont-elles détourné le cours d'une seule faute, ces timides remontrances, ces supplications de vieillards qui perdent si vite le souffle à invoquer la justice ? Vaciller de la résistance à la soumission sans se tenir fortement à rien, paraître révolté tour à tour contre sa faiblesse ou sa conscience, et jamais maître de soi, est-ce avoir une politique ? La voie sûre n'a-t-elle pas été tracée par ceux-là seuls qui toujours sont demeurés fidèles à l'ordre, à la tolérance, à la liberté ? Et pour que cette politique devint celle du Sénat, qu'a-t-il manqué ? Une seule chose : le concours de ceux qui savent cette politique bonne et nécessaire.

La situation est donc celle-ci. Le Sénat vote comme la Chambre, il ne pense pas comme elle. Les deux assemblées ont été conduites à une politique identique par un moyen inverse. A la Chambre, malgré la division des esprits, l'union des partis s'est faite : au Sénat, la rupture malgré l'union des esprits. Dans l'une et l'autre enceinte, la discipline seule a assemblé ou désuni et donné à la Chambre une force et au Sénat une impuissance également factices. Que dans l'une et l'autre le joug disparaisse, la Chambre devient une mêlée et une majorité d'hommes sages apparaît au Sénat. Or le jour où le Sénat voterait comme il pense, la bonne politique n'aurait pas seulement acquis une des deux Chambres, elle s'imposerait à l'autre.

VI

Les droits du Sénat sont aisés à définir : ils sont identiques à ceux de la Chambre. La souveraineté est partagée entre les deux assemblées, de telle sorte que leur concours est nécessaire et que le désaccord de l'une annule l'autre. Deux différences seules, dérogent à cette égalité parfaite. La Chambre vote d'abord les lois de finances, le Sénat peut dissoudre la Chambre.

De ces prérogatives, la première, de pure forme, est un souvenir du temps où le « tiers tenait les cordons de la bourse », et une garantie que le Sénat en l'absence des Chambres ne consentira pas des levées provisoires d'impôt, comme il le put sous l'empire. La seconde est une disposition fondamentale qui, au cas de conflit entre les deux assemblées, donne à l'une d'elles le droit de supprimer l'autre et d'en appeler, quand elle le veut, au pays. Si l'équilibre est rompu, c'est au profit du Sénat.

N'eût-il que son droit de *veto*, ce droit suffisait à endiguer le désordre. Les fautes qui pèsent sur le présent ne sont rien en face de celles qui menacent l'avenir. Pour que demain la constitution retienne le respect, pour que la magistrature juge sans crainte sur son siège affermi, pour que la sécurité des consciences renaisse, pour que le gaspillage des dépenses cesse, il suffit qu'aux espérances hautaines de la démagogie s'oppose le *non possumus* de la raison. Et s'il retentissait au Sénat, non plus comme la dernière résistance d'une volonté expirante, mais comme le mot d'ordre d'une fermeté nouvelle, le résultat serait plus grand que d'écarter telle ou telle expérience funeste ; il rendrait à la fois à tout ce qui reste encore debout la force avec la sécurité.

Pour prouver que ce respect des institutions nécessaires n'a rien de la routine obstinée où se complaisent parfois les Chambres hautes, le Sénat à son droit d'initiative. Tandis qu'une des libertés fondamentales dans une démocratie, la liberté d'association, n'a inspiré à la Chambre qu'un coup de force contre les religieux et une tentative de privilège en faveur des ouvriers, en ce moment le Sénat discute un projet qui proclame et règle d'une façon égale ce droit pour tous les citoyens.

C'est un noble testament qu'a écrit M. Dufaure, et peut-être le plus grand exemple que laisse sa vie. Si, comme lui, chacun de ceux qui, au Sénat, ont une idée utile s'en croyaient débiteurs envers la France, quelle richesse de réformes ! Si le Sénat, au lieu d'attendre de la Chambre des députés la matière de

ses discussions, ne donnait aux propositions émanées d'elle
que le temps nécessaire pour en constater l'inanité ou le péril,
et consacrait ses séances à puiser dans son propre fonds et à
transformer sur les sujets les plus importants sa pensée collec-
tive en articles de lois, c'est lui qui règlerait les travaux même
de la Chambre, et la contraindrait soit à suivre docilement une
direction étrangère, soit à affirmer son indépendance en rejetant
des mesures utiles au pays.

Les lois ne sont pas tout dans l'État. Ce ne sont pas elles qui
peuvent édicter l'intelligent emploi des ressources, la sage
direction des services, la compréhension et la défense des intérêts nationaux au dedans et au dehors. Tout cela est affaire de
gouvernement, c'est-à-dire d'hommes, et le pouvoir appartient
non à qui fait les lois, mais à qui les applique. Or il semble
aujourd'hui entendu que les ministres relèvent de la Chambre
seule. La docilité avec laquelle le Sénat s'est désintéressé de
leur avènement et de leur chute a servi de titre à ceux qui
niaient son droit. Sa part dans les cabinets, d'abord égale, a
été progressivement diminée jusqu'à disparaître. C'est par le
gouvernement que la Chambre tentera d'échapper au Sénat, et
il lui importera peut-être d'être arrêtée dans la rédaction des
textes si des exécuteurs de ses volontés, soutenus par elle,
suppléent aux lois qu'elle n'a pu faire, et violent les lois qu'elle
n'a pu détruire. Mais si une seule des chambres gouverne, que
devient entre elles l'égalité qui est la règle de leur existence,
et le *condominium* qui est tout notre système politique? Comme
les lois ne peuvent naître, les gouvernements ne peuvent vivre
sans l'accord des deux assemblées, et il ne suffit pas plus à un
ministère d'avoir l'approbation de la Chambre qu'il ne lui suffirait d'avoir celle du Sénat. C'est ce principe que, sous peine
de violer la Constitution, il importe de restaurer. C'est cette
usurpation du pouvoir qu'il importe d'arracher à la Chambre
pour tarir la grande source des corruptions présentes. Sans doute
revendiquer n'est pas obtenir, et le Sénat trouvera d'abord,
pour nier l'évidence de son droit, la coalition des intérêts qu'il
menace. Mais ce n'est pas enlever peu de chose à ceux qui

possèdent que prouver l'illégitimité de leur possession. Les
ministres, la Chambre elle-même, sentiront plus qu'ils ne le
pensent l'utilité de ne pas pousser à bout une assemblée qui
ne paraîtra plus ignorante de sa prérogative. A mesure que le
Sénat aura rendu plus de services et mieux montré sa supériorité dans l'ordre législatif, il paraîtra avoir plus de droits au
gouvernement. Il sera d'autant plus fort qu'il demandera moins
pour lui-même et davantage pour ses idées. Quand il ne
ramènerait pas la Chambre au respect de la Constitution, du
moins il aura plaidé sa cause devant le juge souverain de la
Constitution et de la Chambre. Le procès ouvert et poursuivi
sans faiblesse ni impatience durant la législature sera tran-
ché au moment où expireront les pouvoirs des députés. Et même
si les circonstances ne permettaient pas d'attendre, s'il fallait
la chute immédiate d'un pouvoir que la Chambre s'obstinerait
à soutenir, pour libérer le pays de la banqueroute, de l'anarchie
ou de périls extérieurs, la dissolution offre au Sénat le moyen
de remettre à la France, avant qu'il soit trop tard, le soin de se
sauver.

VII

Qu'on attende le terme légal des pouvoirs conférés à la Chambre ou qu'on la devance, la grande question est en effet de savoir
ce que veut la nation. Il est aisé de répondre d'avance en sa place
qu'elle sera avec la Chambre populaire et de prédire au Sénat
un nouveau 16 mai. L'histoire ne se recommence que dans les
circonstances analogues, et loin que le Sénat en manifestant
une volonté replace la France dans la situation créée par le
16 mai, il la libèrera d'une équivoque née à cette date et qui
pèse encore sur nous.

Au 16 mai, le pays a répondu à une provocation d'apparence
monarchique par une acclamation républicaine. Il a affirmé
une forme de gouvernement, non une politique. La politique
choisie satisfait-elle tous ceux qui avaient voulu le gouvernement? Nul n'osera le prétendre. Mais comme cette politique,
combattue par les monarchistes, est soutenue par presque tous
les républicains, l'opinion considère la République et le système
en vigueur comme inséparables; elle s'est jusqu'ici résignée à
la mauvaise politique pour garder le gouvernement et accepte
même les mesures révolutionnaires par esprit de conservation.
C'est l'histoire du pays sous tous les régimes; sa patience dure
jusqu'au jour où les maux dont il souffre l'emportant sur ceux
qu'il redoute, il accepte, pour changer de politique, de changer
de gouvernement. L'intervention du Sénat peut empêcher que
cette alternative se pose. Pas plus que la Chambre il n'est suspect de rêves monarchiques. S'il manifeste des vues différentes,
il sera prouvé que deux assemblées également dévouées à la
République ne l'aiment pas de même. Ce jour-là, l'opinion ras-
surée sur l'existence du gouvernement deviendra libre d'opter
entre deux politiques.

Alors, elle n'aura plus tout résolu, en disant qu'ici est le
Sénat et là la Chambre. Qu'elle regarde : au Sénat, ces inamo-
vibles que le parti républicain choisit parmi les plus illustres,
leurs compagnons de luttes dans l'Assemblée nationale qui
sont venus les rejoindre, les fondateurs du régime actuel, ses
amis de la première heure, de toutes les heures, ceux qui ont
souffert; dans la Chambre, des mandataires pour la plupart nés
d'hier, ou, si vieux soient-ils, assez obscurs pour demeurer
toujours des hommes nouveaux, liés à la République, non par ce
qu'ils lui ont donné, mais par ce qu'ils en ont reçu, dont la
constance n'a été mise à l'épreuve d'aucun revers et dont
l'œuvre unique a été de compromettre en quelques années une
situation incomparable. Laquelle des assemblées doit craindre,
si le peuple, comme il arrive d'ordinaire, juge les doctrines sur
le visage de ceux qui les représentent?

Et s'il prête l'oreille aux idées elles-mêmes? Quoi ! l'inégalité, l'arbitraire et les privilèges, les dilapidations, voilà ce qu'a toujours repoussé la France ; des lois égales, un pouvoir modéré, l'économie dans les finances, voilà les bienfaits qu'elle a poursuivis à travers toute son histoire, proclamés dans sa révolution, et ce sont ces espoirs dont elle détournerait la tête parce qu'ils lui seraient offerts par les meilleurs et les plus éprouvés de ses serviteurs! Et elle se donnerait à ce qu'elle déteste, parce que les joies du désordre lui seraient promises par les plus obscurs et les plus incapables de ses favoris !

Ceux qui le disent ont-ils, avant de calomnier la France, mesuré les forces qu'une telle lutte mettrait en conflit ?

La grande préoccupation de tous les régimes dignes de durer a été de ne pas gouverner contre les intelligences. De tout temps, les intelligences ont été dirigées par cette bourgeoisie que son éducation fait la plus apte à comprendre les intérêts publics, son goût la plus disposée à s'en occuper, à laquelle l'ancien régime dut sa gloire la plus durable, le régime nouveau, ses principes et ses jours heureux. Sous des noms divers, elle est demeurée la classe moyenne, même depuis la chute de la noblesse, par son éloignement de tout excès ; dirigeante, même depuis le suffrage universel, parce qu'elle est seule apte à l'éclairer ; libérale enfin d'idées comme de professions. Nulle autre n'a plus efficacement voulu, plus sincèrement accepté les institutions actuelles. Qu'on cherche ses représentants parmi ceux qui aujourd'hui dirigent ou approuvent. Elle a disparu du gouvernement. A-t-elle disparu du pays? Elle y est plus nombreuse à mesure que se développent la richesse et l'instruction. S'est-elle retirée dans l'indifférence comme dans un repos ? Elle est inquiète, irritée, à peu près unanime à condamner les fautes commises, à en prévoir les suites. Pourquoi se tient-elle à l'écart, ne brigue-t-elle aucune charge, a-t-elle abandonné celles qu'elle occupait, vit-elle dans la solitude des intérêts privés ? Parce que les esprits à la fois cultivés et sages sont ceux qui se lassent le plus vite de la politique. Toujours prêts lui préférer les compensations que leur mérite même leur

permet de goûter dans l'étude et la retraite, ils ont besoin
d'être soutenus, conduits, entraînés. Qui les a appelés sous la
République au secours de la liberté et de l'ordre ? L'ordre ne
s'établit pas de lui-même, et, même pour être libre, il faut avoir
des chefs. Oui, étrange aveu, l'armée des intelligences reste im-
puissante par la défection de ses généraux. Mais le jour où
des hommes ayant autorité dans l'État l'appelleront à leur aide,
ils n'auront pas même à la recruter, ils n'auront qu'à s'en servir.

Ce n'est pas, il est vrai, sur les intelligences que s'appuie la
politique présente, et comme si elle désespérait de les jamais
conquérir, elle ne tient compte que du nombre. S'attacher la
masse par des passions qu'on excite et qu'on satisfait, et les
meneurs par des avantages que paie l'État, est tout l'art de
régner. Il est certain que, grâce à lui, une multitude de privi-
légiés ont à défendre leur propre fortune dans la fortune de
leur parti et qu'ils ne se résigneront pas sans lutte à la défaite.
Mais est-ce que le jeu redoutable des faveurs ne fait à un
régime que des partisans? Les heureux gardent-ils des privilèges obtenus une mémoire aussi fidèle que les exclus, de
l'injustice subie? Que dire des victimes véritables, de celles que,
dans tous les emplois, on menace, qu'on accuse, qu'on chasse
pour faire place à de nouvelles créatures ? Et si, ceux qui ont
tout à perdre à la chute du système se groupant autour de la
Chambre, ceux qui ont tout à gagner à un changement se
groupent autour du Sénat, lequel aura les auxiliaires les plus
énergiques et les plus nombreux ?

Sans doute ces éléments actifs de la politique ne sont encore
qu'une minorité, et le parti au pouvoir compte surtout sur
l'inertie des masses électorales. Là est sa force véritable. Un
régime conserve facilement l'amitié de ceux qui vivent loin de
lui, et il peut soulever ce qui représente l'intelligence et l'honneur avant que la multitude s'en émeuve ou s'en doute. La
contagion de la fièvre politique se répand mal chez ceux
qu'isole le travail; les luttes pour le pouvoir n'ont pas de sens à
ceux qui luttent pour la vie; des droits que les uns tiennent
pour indispensables sont pour d'autres un luxe inutile, et l'op-

pression peut frapper ceux-là sans descendre jusqu'à ceux-ci. Tel est le privilège des humbles : ils offrent moins de prise à la tyrannie. Voilà pourquoi de détestables, de honteux régimes ont pu être aimés de la foule : le peuple pleura Néron. Parmi ceux qui versèrent des larmes, combien croyaient rendre un culte au mal ?

C'est sur cet éloignement des affaires, sur cette ignorance des faits que se reposent les approbateurs de la politique présente. Ils abusent la crédulité par le mensonge des promesses, ils flattent les amours-propres par un respect affecté, ils couvrent les entreprises les plus détestables de prétextes captieux. Grâce à eux se manifeste dans le sens moral du pays un trouble trop réel. A en croire les théories répandues par la presse, acclamées par la population des grandes villes, imposées par les agents politiques la France elle-même serait gâtée. Mais le grand art en politique n'est pas d'entendre ceux qui parlent, c'est d'entendre ceux qui se taisent. L'opinion est une muette dont il faut deviner le silence à travers les cris de ceux qui la prétendent exprimer. Or, même à l'heure présente, un fait domine et console : la contradiction entre les vices du gouvernement que la France accepte et les vertus qu'elle pratique. Dans quel pays y a-t-il plus de tolérance, d'ordre, de générosité ? Est-il sûr qu'il les veuille bannir, est-il sûr même qu'il les sache menacés ? Pourquoi s'est-il attaché à la république ? Parce que tous les actes du parti conduit par M. Thiers lui apparaissaient, à la clarté des débats, conformes à la raison, à la générosité, à l'intérêt public. Depuis, les actes ont changé : les noms dont on les couvre demeurent les mêmes, c'est encore l'égalité, la liberté de conscience, l'amour du peuple qu'on invoque à chaque mesure de haine, de persécution, ou d'arbitraire, et par cette hypocrisie même les jacobins rendent témoignage aux sentiments véritables de la nation. Mais le pays avait confié ces sentiments à ses mandataires. Ils se sont tus : y a-t-il lieu de s'étonner si le pays n'a pas protesté contre une politique que les hommes investis de sa confiance acceptaient ! Sa sécurité s'est faite de leur silence. Eux ne s'opposant à rien, lui devait conclure que tout était légitime, et le calme avec lequel s'est accompli le changement de politique a empêché même de sentir qu'elle changeait. S'il a toléré le mal, ce n'est pas qu'il le préfère, c'est qu'il l'ignore, et si la vérité ne l'a pas conquis encore, ce n'est pas lui qui a été incapable de l'entendre, ce sont ses conseillers qui ont été incapables de la dire.

Non, l'on n'a pas le droit de désespérer du peuple tant qu'on n'a pas épuisé à son service le dernier effort de sa pensée, le dernier souffle de son âme. Si ses amis employaient à l'éclairer une faible partie des soins que ses flatteurs mettent à le perdre, de quel progrès serait-il capable, puisque dans la corruption même sa nature reste encore si saine? Que le Sénat comprenne la grandeur de ce rôle, qu'il devienne l'éducateur du suffrage universel. Attaquer les préjugés, dévoiler les faussetés, mettre à nu les sophismes, sans doute ce n'est pas, à l'heure présente, une tâche ordinaire. Mais qu'il commence et les auxiliaires viendront, car il y a une contagion du courage et du dévouement comme de la peur, et ils seront étonnés de leurs conquêtes quand leur parole ajoutera son autorité à l'éloquence des fautes qui déjà se fait entendre. Tour à tour se détacheront des injustices présentes et ceux qui veulent la paix et la dignité de la France au dehors, et ceux qui veulent la paix et la liberté au dedans, et ceux qui veulent l'ordre dans les dépenses, et ceux qui le veulent dans la rue. La vérité aura rompu les liens qui aujourd'hui les emprisonnent et terminé le règne de ceux qui les tenaient captifs en les trompant. Le peuple est comme la mer : le trouble qui l'agite a soulevé une écume qui la couvre, mais l'écume n'est ni la mer ni le peuple, et le premier souffle qui passera sur elle laissera reparaître les calmes profondeurs de la raison publique. Quand on considère ce qu'est le pays et ce qu'il devrait être, sa décadence commencée et sa grandeur encore possible, la misère honteuse des partis et les vertus survivantes de la nation, et le faible effort qui suffirait pour changer l'avenir, on songe à la colère de Michel-Ange en face de son Moïse et comme le sublime artiste, on serait tenté de frapper au genou le législateur immobile et de lui dire : « Puisque tu vis, parle donc! »

Oui, vous qui portez dans vos mains les tables de la loi, c'est
une voix plus sacrée que celle du génie même, c'est la patrie
qui vous le demande : montrez que vous êtes vivants. Sa déli-
vrance peut être votre œuvre. Pour vous détourner des grandes
choses, il n'y a que de petites raisons, et les petites raisons ne
sont des raisons que pour les petites âmes. Vous auriez à vous
déjuger ! Est-ce se contredire que mettre ses actes en accord
avec le vrai? Est-ce à lui ou à votre amour-propre qu'appartient
votre fidélité? Et vous, qui ordonnez à chaque citoyen de sacrifier à l'État sa vie même, ne lui pouvez-vous sacrifier la vanité
de n'avoir jamais failli? Vous réhabiliterez les hommes fermes
qui ont lutté durant votre longue faiblesse; mais, en reconnais-
sant leur courage, vous les aurez égalés, car rien ne coûte comme
de donner raison à qui n'a pas de tort. Vous romprez ainsi avec
vos amitiés ! Faut-il nommer de ce nom les liens où votre indépendance était captive, que l'estime n'a pas formés, que la crainte
seule noue encore? Vous ne pourrez empêcher le mal qu'avec
le concours de la droite! Singulière délicatesse, plus difficile sur
la compagnie que sur le vote. D'ailleurs n'êtes-vous pas les
plus nombreux? N'est-ce pas elle qui votera avec vous? N'avez-
vous pas assez fait ses affaires sous prétexte de vous séparer
d'elle, et n'est-il pas temps de l'employer à servir les vôtres?
Serez-vous plus fiers que vos ministres, sauvés par elle plus d'une
fois? Serait-ce une si grande étrangeté qu'il y eût, même entre
des partis hostiles, des idées semblables, des intérêts identiques,
comme il y a une langue commune, et craindrez-vous toujours de
réunir autour de vous trop d'adhésions et de faire par vos actes
trop d'heureux? Et si une peur moins avouable encore vous
arrête, la peur que votre résolution ruine votre popularité et
menace votre existence, considérez votre situation présente, son
prestige et sa sûreté. Vos oreilles sont-elles de marbre, que vous
n'entendiez pas les arrêts prononcés contre vous?

Chaque jour, des voix plus nombreuses les répètent, et le
désordre que vous avez flatté vous a choisis pour première
victime. La démagogie est un fauve : on ne l'apprivoise pas;
on le dompte ou il dévore. N'auriez-vous que le choix du

trépas, sachez marquer pour cette fin votre place parmi vos amis véritables et faire face à vos adversaires. Préférez-vous le sort de ces faibles Césars qui se succédèrent au faîte du monde, abandonnant les rênes au caprice du peuple, de peur de l'irriter et dans l'espoir de vivre? Ils ont vécu, en effet, jusqu'au jour où le caprice, exaspéré par l'obéissance même, se tournait en révolte contre son impérial instrument, où le peuple envahissant le palais, que ne gardaient plus ni l'estime, ni les services, ni la force, trouvait le César tremblant derrière quelque tapisserie, et achevait par un dernier coup ce pouvoir à qui ses fautes avaient enlevé d'avance la dignité de la vie, et sa peur la majesté de la mort.

VIII

Une seule crainte pourrait troubler les courages et la bonne foi. Nul doute que la politique présente ne soit funeste à la République. Mais n'est-ce pas la tuer aussi que tenter une réaction? Les hommes contre lesquels il s'agit d'engager la lutte, l'organisation qu'il s'agit de détruire, ce sont les hommes dont l'attachement au régime actuel est public, c'est l'organisation qui a fait triompher le régime même, et quand ces étais de la République auront été brisés, elle-même restera-t-elle debout? Il ne faut jamais se dissimuler les choses : le succès de cette entreprise, c'est, en effet, la direction des affaires enlevée au parti républicain qui les mène aujourd'hui. Mais prétendre que la défaite de ce parti républicain prépare la perte de la République, c'est méconnaître la loi même qui préside à l'affermissement et à la chute des pouvoirs.

Tout gouvernement doit être conforme aux volontés du pays. Or, la difficulté de représenter le pays se trouve, pour tout gouvernement, dans sa naissance même. Si les plus fiers de leur légitimité croient qu'ils ont été formés par l'opinion publique, ils n'ont appris l'histoire que de leurs illusions. La commune origine des pouvoirs est le triomphe d'une minorité sur la résistance passive ou la répulsion manifeste de la nation. Cette minorité, seule, présente à la victoire, occupe par la force même des choses les positions abandonnées, et remplace le régime qu'elle détruit. Au lendemain de toute révolution, le pays est aux mains d'un parti.

Ce parti ne représente pas la nation. Par cela seul qu'il s'est séparé d'elle pour atteindre son but, il a montré un tempérament distinct, plus passionné, plus absolu ; le droit qu'il s'est arrogé de devancer l'opinion et de la contraindre au besoin, témoigne de vertus où il entre peu de respect pour elle, comme son audace à affronter l'inconnu atteste qu'il ne prenait pas conseil des intérêts, résignés d'ordinaire plus au mal qu'au changement. Enfin, ce n'est pas assez qu'il soit différent du pays, il vaut moins, quelque drapeau qu'il élève. C'est la fatalité des causes les meilleures, les plus pures, les plus justes, dès qu'elles deviennent révolutionnaires, de n'avoir pour défenseurs ni les meilleurs, ni les plus justes, ni les plus purs parmi les citoyens.

Il est impossible que leur nature ne se retrouve pas au pouvoir, impossible qu'ils ne tentent pas de gouverner la nation comme ils l'ont prise d'après leur propre sentiment, impossible que, dédaigneux la veille des intérêts, ils en acquièrent à la fois le souci et l'intelligence ; impossible qu'ils aient la notion de leur devoir envers les personnes ; impossible qu'ils ne se défendent pas des concours tardifs comme d'usurpations contre eux-mêmes, qu'ayant été à la peine, ils partagent volontiers l'honneur, qu'ils se croient tenus à de la bienveillance envers les adversaires, les suspects ou les tièdes, c'est-à-dire à peu près tout le monde. Si bien que la révolution semble d'abord faite contre le peuple lui-même. Pourtant c'est pour lui seul que tout changement doit s'accomplir, c'est contre les partis surtout qu'il importe de défendre la majorité : ils ne doivent pas occuper plus de place dans l'état que dans la nation. Celle-ci, qui n'appartient à aucun, hier hostile aux nouveautés parce qu'elles sapaient le pouvoir établi, aujourd'hui ralliée parce qu'elles sont le pouvoir, indifférentes aux théories occupée de résultats, porte, à travers la diversité des régimes, la constance de ses traditions et de son génie. Et pour la comprendre il ne suffit pas de l'effort, ou plutôt l'effort est vain, il faut avoir sa nature. Ses interprètes véritables sont les hommes qui, fidèles non seulement à ses idées, mais à ses instincts, et, si l'on veut, à ses préjugés, ne se sont jamais séparés d'elle, subissent dans tous leurs mouvements l'attraction de la majorité, et jusque dans leurs variations gardent l'unité la plus nécessaire aux politiques, la fidélité à leur temps. De là une conséquence : le gouvernement ne doit pas rester aux mains du parti qui l'a créé.

Toute transmission de pouvoir est une crise, nulle n'égale les difficultés de celle-là. Dissoudre un parti organisé et organiser en même temps une force qui le remplace, dépouiller ceux qui ont créé le régime au profit de ceux qui l'ont subi, se défier de ceux qui sont prêts à la défendre et se confier à ceux qui sont indifférents, c'est ajouter à une lourde tâche les apparences de l'ingratitude et presque de la trahison. Mais l'ingratitude envers les partis est une vertu d'état, et la trahison se commettrait contre le pays si l'on reconnaissait à qui que ce fût un droit de domination sur lui. La justice commande d'abolir cet ordre privilégié qui prétendrait au pouvoir au nom de services passés, de donner aux nouvelles fidélités rang comme aux anciennes, de briser les combinaisons trop étroites où les factions s'isolent. La fidélité ordonne de vouloir la vie du régime qu'on aime. Or les faits contiennent leur continuel enseignement : ceux qui sont capables de ramener un principe de l'exil, et, s'il y retourne, de l'y suivre, ne sont pas capables de le maintenir au pouvoir. De moins dévoués, qui ne l'ont pas souhaité et qui, s'il disparaissait, n'en porteraient pas le long deuil, sont plus aptes à le faire durer. Aussi il n'y a pas d'exagération à dire qu'un régime est fort le jour où il a pour lui ceux qui ne le souhaitaient pas, et contre lui ceux qui l'ont fait.

Quand les Stuarts reprirent le chemin de l'Angleterre, ils étaient entourés par les compagnons de leur mauvaise fortune. Ceux qui avaient préparé leur retour, les dévouements éprouvés, les amis de la première heure eurent seuls leur confiance et le gouvernement : le gouvernement ne dura pas. En France, à la même époque, l'histoire de nos malheurs est l'histoire des triomphes exclusifs des partis. Dans leurs efforts pour s'arracher le pouvoir, c'est la France qu'ils déchirent, et sa fortune s'abaisse jusqu'à ce qu'apparaisse Henri IV. Celui-là, par sa naissance, sa religion, est un roi de parti, et c'est par l'épée de son armée protestante qu'il conquiert son royaume. Les huguenots, ses conseillers, ses amis, qui l'avaient conduit du fond du Béarn sous les murs de Paris, attendaient la suprématie, il ne leur donna que la tolérance : lui-même se fit catholique, c'est-à-dire qu'il se soumit à son tour à la nation qu'il avait domptée, prit parmi elle ses conseillers, gouverna avec ceux et pour ceux qui l'avaient combattu, ou plutôt mêla de sa main royale les factions hier ennemies, de telle sorte que toutes les divisions s'effacèrent. C'est pour avoir fermé son cœur aux souvenirs qu'il prépara à la France de glorieux jours et à sa maison un trône solide pour deux siècles. Avec la révolution recommence le gouvernement des partis exclusifs, défendant la pureté de leurs doctrines. Ils tiennent à honneur de rester ce qu'ils étaient en arrivant au pouvoir et se remplacent vite faute d'avoir demandé au pays lui-même le secret de la stabilité. Ce secret est révélé au premier consul : il met sa gloire à méconnaître les frontières des partis comme celles des royaumes, et à trouver partout les serviteurs du pays, et il fait, malgré son despotisme à l'intérieur, un régime si national qu'il faut pour l'abattre deux retours offensifs de l'Europe. Et quand reparut la famille de nos rois, ceux qui avaient partagé sa proscription confisquèrent d'abord sa fortune ; mais ils se montrèrent si étrangers à la nation, si dédaigneux de son esprit, si indifférents à ses besoins, que le roi lui-même fut contraint de dissoudre la chambre introuvable et dut écarter ses amis du trône qu'ils ébranlaient. Tout se trouva raffermi le jour où les affaires furent remises à de nouveaux venus, dédaignés de la cour, qui n'avaient pas été à Coblentz, qu'on n'avait pas vus à Gand, dont plus d'un avait servi l'usurpateur, mais dont le cœur ni les services n'avaient jamais déserté la France, et qui donnèrent à l'antique royauté cette belle gloire de couchant qui fut la restauration.

La loi qui s'est imposée à tous les régimes s'impose à son tour à la République. Elle aussi a sa chambre introuvable, ses « émigrés » et ses « voltigeurs de 1815 », heureuse s'ils ne pesaient sur elle que depuis une année ! Mais plus a été longue leur domination, plus il est temps de leur enlever l'autorité dont ils abusent, et de confier la République, si l'on veut assurer son existence, à des hommes qui l'aiment moins, mais l'aiment mieux.

L'heure présente a été préparée pour cette œuvre. Hier peut-être il eût été trop tôt pour la sagesse. Un homme dominait la France ; elle avait commencé par aimer le serviteur de sa volonté, et finit par n'avoir plus de volonté devant lui. Il suffisait qu'il s'interposât entre la vérité et le pays pour couvrir le pays de son ombre et faire obscure la raison. Or, cet homme était celui qui depuis la chute de l'empire avait suscité, groupé, organisé, conduit à l'assaut contre le pouvoir les forces révolutionnaires du parti républicain et leur avait assigné leurs places au gouvernement comme un général donne des quartiers d'hiver à ses troupes dans les contrées fertiles qu'elles ont su conquérir. Gambetta avait trop d'intelligence pour croire qu'elles y dussent demeurer toujours ni longtemps. Bien que, dans le régime rêvé par lui et où lui seul était presque tout, la valeur des autres eût peu d'importance, il reconnaissait que certaines natures ne s'accommodent d'aucun ordre politique, il ne considérait pas les compagnons de sa première fortune comme bons même à obéir dans un état régulier. Il le montra par l'acte le plus critiqué, le moins compris et pourtant le plus clair et le seul grand du grand ministère : c'est pour demander une loi électorale qu'il parut aux affaires, et pour ne l'avoir pas obtenue qu'il les abandonna.

Le crût-on, lui si peu épris de succès théoriques et avide seulement de résultats, homme à prendre et à perdre le pouvoir pour inscrire dans la constitution un mot, ou pour obtenir du pays, par une consultation différente, une Chambre semblable? Il voulait une loi électorale pour avoir d'autres élus. Le scrutin de liste brisait les influences qui s'étaient emparées de chaque arrondissement et n'en dépassaient pas les limites ; il permettait d'élever sur une base plus large des candidatures nouvelles. Le vote sollicité de la Chambre était la préface de changements médités dans le personnel politique. La retraite de Gambetta fut plus probante encore et plus sévère pour la Chambre : dès qu'il n'espéra plus la changer, il n'avait plus rien à faire avec elle et aimait mieux abandonner le gouvernement que gouverner avec son parti. Cet échec, loin de le décourager d'ailleurs, avait affermi sa volonté. Ses entretiens exprimaient cette pensée toujours présente, dont l'exécution seule était restée. L'épreuve lui avait montré que l'existence ministérielle est de nos jours trop fragile pour porter un grand dessein. Pour restituer au néant la plupart de ceux qu'il en avait tirés, pour appeler à la vie politique des hommes capables de servir les intérêts publics, il se promettait de mettre à profit les sept ans de pouvoir que lui apporterait un jour ou l'autre la présidence de la République.

Mais pour atteindre le suprême pouvoir, il lui fallait garder l'influence sur ceux qui disposaient de la première magistrature. Or, c'étaient les chefs et les élus de la faction qu'il avait jugés. Manifester trop haut ses dédains, tenter trop tôt de lever au service d'une autre politique une nouvelle armée, c'était tourner contre lui-même la force qu'il avait faite, et peut-être se laisser surprendre au moment décisif entre le parti nouveau dont il n'aurait pas su vaincre la défiance et son ancien parti dont il aurait volontairement excité les actives rancunes. Déjà les propos où il ne dissimulait pas ses desseins, joints à la tentative qui les avait trahis, commençaient à le rendre suspect. Aussi se bornait-il à donner à la France le gage de quelques amitiés

rassurantes et de quelques paroles sages égarées à dessein dans
la fougue de ses harangues ; et il demeurait attaché aux personnes, aux programmes, aux foules qui avaient fait sa popularité, esclave à son tour de ses créatures et réduit à attendre
de ceux qu'il méprisait en secret la souveraineté pour s'affran-
chir d'eux.

Or, l'évolution qu'il ne pouvait accomplir, il ne pouvait la
permettre à personne. Un mouvement qui eût donné à l'ordre un
programme, des chefs et un parti ne laissait à Gambetta que la
première place dans l'opposition. La tentative seule était une
usurpation sur ses projets, elle débauchait ses futurs soldats ;
en opposant une politique à une autre, elle réduisait à un rôle
faux l'homme qui avait besoin de l'une dans le présent et de
l'autre dans l'avenir ; elle le condamnait à s'aliéner un parti par
ses paroles ou tous deux par son silence ; en faisant surgir des
hommes, elle suscitait des rivaux à un maître qui, grâce à la
discipline, n'avait plus que des subalternes ; en faisant surgir
des idées, elle éclairait le pays sur ses maux et ses ressources ;
or il n'était pas mauvais que l'accroissement des difficultés et
l'ignorance épaississent autour de la France les ténèbres dans
lesquelles on cherche les sauveurs.

Voilà pourquoi l'humeur débonnaire de Gambetta tourna
toujours en rigueur implacable contre les indisciplinés qui pré-
tendaient être modérés avant lui, conservateurs plus que lui,
sages quand il n'était pas prêt. Si, au lieu des actes isolés
qu'il étouffa sans peine dans l'impopularité de leurs auteurs,
s'était dressée devant lui une organisation plus solide, il aurait
élevé la résistance à la hauteur du péril, et même, dans les
derniers temps, seul contre la meilleure cause, il aurait gardé
la meilleure chance. Sans doute, cessant de monter, il semblait
descendre à l'horizon ; mais qu'importe d'être moins grand si
l'on domine encore ? Quel rival, quelle coalition de rivaux lui
pouvait disputer la prépondérance dans l'une et l'autre chambre ? Toutes deux étaient-elles autant que lui maîtresses des
ministres, et les ministres maîtres des services ? Qui ordonnait,
sinon lui, dans toute la France, aux comités, aux associations,

à la presse? Quel mouvement pouvait s'accomplir dans le corps politique malgré une telle volonté?

Mais celui auquel on n'aurait pas su désobéir ne commandera plus. Une mort a tué une dictature; celle de la persuasion surtout est un secret qui ne se transmet pas. Le filet dans lequel ce pêcheur d'hommes avait pris un peuple était fait pour ses larges mains. Ceux qui déjà se le disputent auraient peine à le soulever tous ensemble; faute de s'entendre à le manier pour s'en servir, ils se le partageront, et déjà s'échappe la capture qu'il contenait. Cette multitude qu'un miracle de la fortune et de l'habileté avait su prendre à toutes les profondeurs, ramener de tous les horizons, confondre malgré les diversités, et entraîner sans résistance retrouve, avec sa liberté, sa nature; on s'aperçoit que tout le monde a été dupe d'un homme, qu'il avait tout mêlé sans rien unir, qu'il avait décoré du nom de parti une foule, qu'il était son seul lien, déjà se dégagent et se séparent les violents et les modérés, les ouvriers tourmentés par les questions sociales, et les hommes de bourse et d'affaires, les fanatiques et les sceptiques, étonnés d'avoir oublié leurs répugnances dans leur culte commun pour un homme, et la mort d'un seul suffit à rendre à chacun sa place. Depuis les chambres jusqu'au fond du pays, le résultat inévitable apparaît, la rupture d'une unité factice en mille débris, et la lutte prochaine, ardente entre toutes les fractions du parti. C'est cette situation nouvelle qui crée aux hommes de liberté et d'ordre une force et des devoirs nouveaux. Dans un moment où les idées les plus fausses trouveront des soldats et des chefs, seront-ils les seuls qui n'osent agir? Si les auteurs de la politique présente se divisent, le nombre et la force appartiennent à ceux que cette politique a déçus, inquiétés et indignés. Ne mettront-ils pas à profit l'heure imprévue où le parti révolutionnaire se débande, pour devenir un parti de gouvernement?

IX.

S'ils le veulent, qu'ils se hâtent. Les régimes n'ont qu'un temps pour mériter de vivre. La situation présente se résume en ces mots : la Chambre ne sait pas, la présidence ne veut pas, le Sénat n'ose pas. Pour peu que cela dure, tous les pouvoirs réguliers du pays auront été éprouvés, le cycle fatal sera parcouru. Ce jour-là on n'aura plus à chercher, pour couronner l'Arc-de-Triomphe que Napoléon éleva à la gloire de la France, une figure du gouvernement. L'image sera trouvée, et pour représenter les trois pouvoirs par un symbole que la France reconnaisse et comprenne, il suffira que le ciseau fasse sortir du marbre la Paresse endormie entre le Fanatisme et la Peur.

Mais, durant ce sommeil, une force veillera, ce sera encore la justice. Elle ne permettra pas que les conséquences s'arrêtent d'elles-mêmes sur leur pente. Si les minorités aujourd'hui maîtresses du pays continuent de le dominer, elles continueront à exclure ce qui menace la perpétuité de leur règne, elles se dévoreront elles-mêmes, et il apparaîtra que l'aristocratie la plus fermée est celle des démagogues. Voici que déjà tour à tour les plus fameux deviennent suspects, et comme la décadence des partis, semblable à la chute des corps, s'accélère par son propre mouvement, les hommes s'useront si vite que l'on verra se succéder des chefs dont la nullité et les vices stupéfieront le monde, et il ne sera plus vrai de dire qu'on monte, mais qu'on descend au pouvoir. Les divisions de citoyens, les luttes religieuses, le désordre des finances, iront grandissant avec la corruption. La corruption finit par dissoudre ce qu'elle a atteint. Le régime parlementaire, ainsi dégradé, n'aura pas plus de force à l'intérieur qu'il n'en gardera au dehors, et dans le mépris des assemblées germera le gouvernement d'un seul. Qu'arriverait-il si demain se levait tout à coup de l'Orient un nouveau Bonaparte pour redire à ce nouveau directoire : « Qu'avez-vous fait de la France? » Déjà le mensonge d'une telle république ranime dans le pays l'antique soif d'obéir. Déjà ils sont nombreux, déjà sans honte les désenchantés qui attendent l'homme. Mais, dans leur désillusion, quelle illusion encore ! Attendre un homme ? Est-ce que la Providence doit des miracles aux peuples qui s'abandonnent ? Est-ce que, pour hériter d'un régime sans vertus et sans prestige, la gloire et le génie sont nécessaires? Comment une terre stérile en citoyens enfanterait-elle un homme, et suffit-il d'être le directoire pour avoir droit à Bonaparte? Sommes-nous même le directoire? Méprisable au dedans, il était grand encore au dehors, et il fallait, pour franchir cette légalité que gardaient les victoires, un héros que la victoire connût. S'il n'y avait eu que Barras au Luxembourg, le premier soldat venu aurait enfoncé cette légalité pourrie avec le pommeau de son épée. Demain faudra-t-il même un soldat? La race qui, depuis un siècle, fournit à la France la dictature, perdant à chaque génération ses qualités souveraines, avait produit un prince sans parti, un général sans épée, un Napoléon obscur. Il n'a pas soudoyé de soldats, il n'a ameuté le peuple qu'autour d'une affiche, et pour la première fois il a fait peur. A qui? A tous ceux qui gouvernent et sur qui règne la crainte d'un nom même dégénéré. Dégénéré, lequel l'est davantage : celui dont on riait hier ou ceux qu'il fait trembler aujourd'hui ? Un régime se juge par ses terreurs; et si tel prétendant est devenu redoutable, si nous méritons un tel Bonaparte, jusqu'où sommes-nous descendus, et quel régime nos fautes préparent-elles à nos enfants ? Un pays où le désordre règne, où l'intelligence décline, où la morale chancelle, s'il espère en l'avenir, jette une dernière insulte à la justice. Tout présage de changement lui apporte une menace. Les temps sont passés où, comme au cours de ce siècle, on pouvait prédire « après les révolutions de la liberté, et les contre-révolutions de la gloire, la révolution de la conscience publique, la révolution du mépris ». La liberté aura achevé de mourir, la gloire de s'éteindre, la conscience publique sera muette, le mépris même ne montera plus aux lèvres du pays comme le dernier soupir de son honneur, et si la révolution s'accomplit, ce sera la révolution du châtiment.

FIN

IMP. CENTRALE DES CHEMINS DE FER. — IMP. CHAIX. — RUE BERGÈRE, 20, PARIS. — 3320-3.

www.ingramcontent.com/pod-product-compliance
Lightning Source LLC
Chambersburg PA
CBHW061758050726

47598CB00002B/784